Gerenc[ia] de produtos para a gestão comerc[ial]

um enfoq[ue] prático

EDITORA intersaberes

SÉRIE GESTÃO COMERCIAL

Gerência de produtos para a gestão comercial:

um enfoque prático

Edelvino Razzolini Filho

EDITORA intersaberes

Av. Vicente Machado, 317 · 14º andar
Centro · CEP 80420-010 · Curitiba · PR · Brasil
Fone: (41) 2103-7306
www.editoraintersaberes.com.br
editora@editoraintersaberes.com.br

Editor-chefe Lindsay Azambuja
Editor-assistente Ariadne Nunes Wenger
Editor de arte Raphael Bernadelli

Preparação de originais Tiago Marinaska
Capa Denis Kaio Tanaami
Projeto gráfico e diagramação Sílvio Gabriel Spannenberg
Iconografia Danielle Scholtz

Dados Internacionais de Catalogação na Publicação (CIP)
(Câmara Brasileira do Livro, SP, Brasil)

Razzolini Filho, Edelvino
Gerência de produtos para a gestão comercial: um enfoque prático / Edelvino Razzolini Filho. – Curitiba: InterSaberes, 2012. – (Série Gestão Comercial)

Bibliografia.
ISBN 978-85-8212-076-7

1. Administração de produto I. Título II. Série.

12-07718 CDD 658.5

Índices para catálogo sistemático:
1. Gerência de produtos: Administração de empresas 658.5
2. Produtos: Gerência: Administração de empresas 658.5

Foi feito o depósito legal.

1ª edição, 2012.

Sumário

Dedicatória

Dedico este livro a todos aqueles que foram meus alunos ao longo dos últimos vinte anos na atividade de ensinar - aos meus alunos do ensino médio, aos meus orientandos de Iniciação Científica na Universidade Federal do Paraná – UFPR, uma vez que sua curiosidade científica e sede de saber são fatores altamente motivadores para quem, como eu, acredita no papel transformador do professor, e aos meus orientandos do programa de Mestrado Multidisciplinar em Ciência, Gestão e Tecnologia da Informação da UFPR, que me motivam (quase obrigam) a estar permanentemente estudando.

Claro que não posso, por fim, deixar de dedicar esta obra à minha esposa Regina, aos meus filhos, Giancarlo e Paola Camile, e ao meu neto Gabriel, que suportam sempre as ausências e a falta de tempo decorrente do fato de estar envolvido com a produção acadêmica.

Agradecimentos

Agradeço sempre a Deus por permitir que eu veja e ouça o que Ele tem a me dizer. Assim é que resolvi abandonar uma vida executiva pelo exercício da atividade de professor, no ensino superior.

Embora não concorde com a afirmativa de que o "magistério é um sacerdócio", já que é o meu salário que me permite pagar minhas contas, creio que o papel do professor é fundamental para disseminar o conhecimento entre as pessoas. Assim, devo agradecer àquelas pessoas que foram fundamentais para minha decisão de me dedicar ao magistério, algumas já falecidas e outras ainda "na ativa". Não vou escrever nada a respeito de cada uma delas, porque todas tiveram seu grau de importância em minha decisão. Vou apenas relacioná-las a seguir (sem uma ordem cronológica ou grau de importância):

Glacy e Edelvino Razzolini (*in memoriam*);

Prof. Nivaldo Maranhão Faria (*in memoriam*);

Profª. Hildegard Söndahl (*in memoriam*);

Pe. Ciríaco Bandinu;

Prof. Herbert Age José;

Prof. Belmiro Valverde Jobim Castor.

Além disso, devo agradecer o apoio que recebo, diariamente, de algumas pessoas também especiais – os amigos de sempre, Cícero Fernandes Marques e Roberto Cervi, que me auxiliam nos momentos difíceis a superar as dificuldades com disposição renovada.

Também devo agradecer a alguns "novos amigos", por exemplo, o amigo Egon Wildauer, que sempre está disposto a ouvir minhas ideias e criticá-las construtivamente. A amiga Helena de Fátima Nunes Silva, que me recebeu de forma carinhosa na UFPR, e com quem tenho produzido alguns trabalhos acadêmicos que ajudam a construir minha capacidade crítica na Gestão da Informação e do Conhecimento.

Por fim, devo agradecer a toda a equipe da Editora InterSaberes, representada na pessoa da Profª. Lindsay, que tem sempre me acompanhado e atendido com muito profissionalismo e carinho. Muitíssimo obrigado, porque sem vocês este livro não seria realidade.

A todos vocês, meu muito obrigado e meu sincero reconhecimento pela participação de cada um na minha formação contínua.

Os conhecimentos nos dão **meios** para viver.
A sabedoria nos dá **razões** para viver.

(Rubem Alves)

Apresentação

Pela sua própria natureza, este preâmbulo não pretende ser longo nem exaustivo, uma vez que uma apresentação deve ser breve.

Apenas gostaríamos de utilizar este espaço para nos comunicarmos com você, caro leitor, para adverti-lo que este não é "mais um livro de *marketing*". Este é um livro de *marketing* sobre o gerenciamento de produtos, escrito em uma linguagem clara e objetiva, fruto da experiência do autor, apoiada em estudos de outros autores (não muitos, porque existe uma grande repetição de coisas óbvias).

Ao longo do livro procuramos não utilizar a palavra *empresa*, substituindo-a por *organização*, pois entendemos que a gerência de produto deve existir em qualquer tipo de empreendimento humano devidamente organizado, seja uma indústria, um atacadista, uma escola, um hospital ou qualquer outro tipo de organização.

Também é importante esclarecermos que entendemos *produto* como sendo qualquer objeto de troca entre uma organização e seus clientes/consumidores.

Utilizamos a expressão *clientes/consumidores* com o propósito de esclarecermos que o produto (definido no parágrafo anterior) pode ser tanto utilizado (por um cliente) quanto consumido (por um consumidor). Pode parecer um tanto chato. Porém, ao ler o texto você poderá entender o que pretendemos afirmar e, ainda, colocar-se na situação de gerenciar o produto, seja ele qual for, seja qual for o tipo de organização em que você estiver trabalhando.

Nossa experiência nos permite perceber que a grande maioria das pessoas pensa que sabe o que é *marketing*. Porém, o *marketing* é algo extremamente complexo e abrangente, fazendo com que poucas pessoas realmente saibam do que esse termo se trata e, principalmente, consigam aplicá-lo adequadamente. A maioria das pessoas confunde o *marketing* com *propaganda* (que, apesar de importante, consiste apenas em um pequeno elemento dentro de algo mais amplo chamado *composto promocional*) e, por isso, gosta ou deixa de gostar do *marketing*.

Quando iniciamos nossos estudos em *marketing*, compreendemos que o *marketing* é na realidade uma filosofia a ser implementada dentro das organizações. Isso nos permite compreender a vastidão e a importância a ser conferida a essa "filosofia empresarial" e, ainda, a forma como compreendemos e procuramos repassar os conceitos dos diferentes elementos que a compõem.

Acreditamos no *marketing* como uma filosofia que pode melhorar a qualidade de vida das pessoas, pois fazer um "bom *marketing*" requer compreender e conhecer as pessoas, gostar delas e querer oferecer a elas o que a organização possui de melhor, por meio dos seus produtos e/ou serviços. Quando uma organização oferece aos seus clientes/consumidores o que possui de melhor, esta com certeza obtém sucesso e longevidade no mercado, sendo reconhecida por todos como uma organização que pratica o verdadeiro espírito do *marketing*.

Tudo isso pode parecer idealismo, retórica mesmo, em um mundo extremamente competitivo, no qual as organizações lutam para sobreviver, eliminando a concorrência. Porém, não é isso. É acreditar que a organização pode ser competitiva, aguerrida mesmo, se esta cultivar práticas de *marketing* que lhe concedam um diferencial por oferecer aos clientes aquilo que satisfaz suas necessidades e/ou desejos.

Este livro foi escrito a partir da nossa experiência profissional, exercida dentro de pequenas, médias e grandes organizações empresariais. Por isso, serão poucas as referências a obras ou autores da área do *marketing*, embora tenhamos procurado sempre referenciar algum autor para subsidiar o leitor com alguma fonte de referência, caso este deseje se aprofundar nos conteúdos trabalhados. Ou seja, o livro é fruto mais da experiência profissional do que da vivência acadêmica.

Portanto, gostaríamos de lhe avisar que, se você pretende encontrar todas as respostas de *marketing* neste livro, é melhor que desista aqui mesmo. Não é possível colocarmos toda a filosofia do *marketing* em um único livro e muito menos em um livro que objetiva tratar da gerência de produtos. A nossa pretensão foi, sim, a de colocarmos aquilo que consideramos essencial para o sucesso dos produtos nos mercados, de forma que ao final do livro você tenha adquirido conhecimentos suficientes sobre a gerência de produtos.

Como aproveitar ao máximo este livro

Este livro traz alguns recursos que visam enriquecer o seu aprendizado, facilitar a compreensão dos conteúdos e tornar a leitura mais dinâmica. São ferramentas projetadas de acordo com a natureza dos temas que vamos examinar. Veja a seguir como esses recursos se encontram distribuídos na obra.

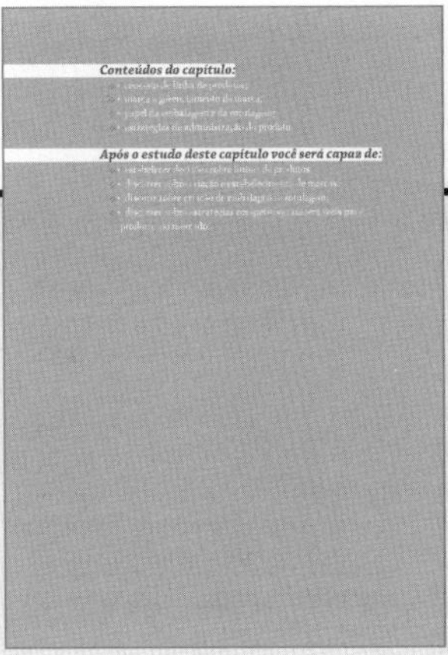

Conteúdos do capítulo
Logo na abertura do capítulo, você fica conhecendo os conteúdos que serão nele abordados.

Após o estudo deste capítulo, você será capaz de:
Você também é informado a respeito das competências que irá desenvolver e dos conhecimentos que irá adquirir com o estudo do capítulo.

Estudos de caso

Esta seção traz ao seu conhecimento situações que vão aproximar os conteúdos estudados de sua prática profissional.

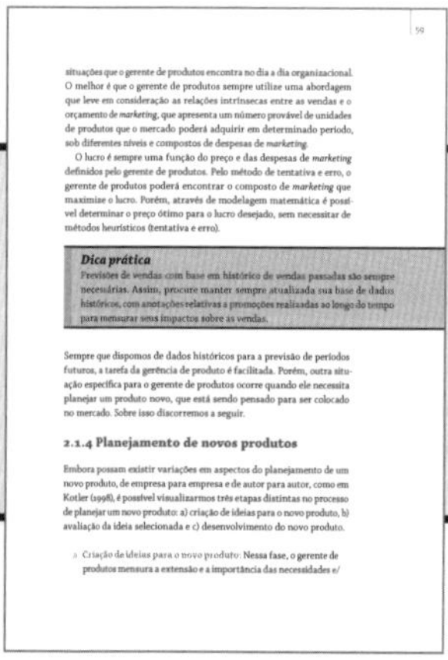

Dicas práticas

Nesta seção você conta com apontamentos pertinentes ao dia a dia da gerência de produção, frisando pontos importantes relativos às mais diversificadas situações que podem ser enfrentadas desde a concepção do produto até o seu lançamento efetivo.

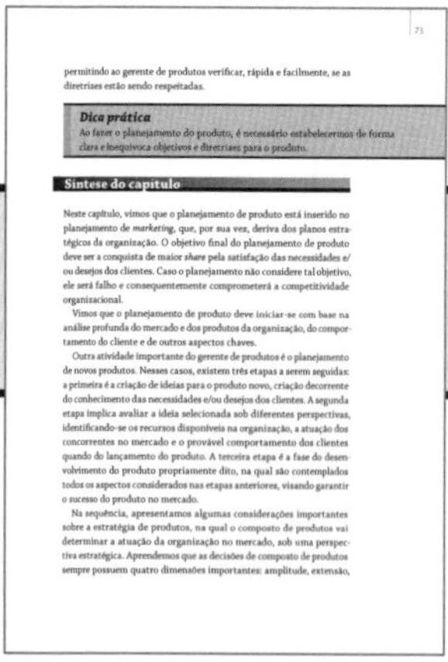

Síntese

Você dispõe, ao final do capítulo, de uma síntese que traz os principais conceitos nele abordados.

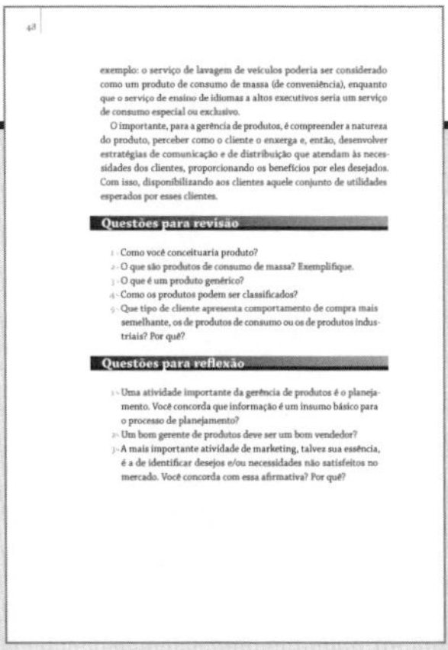

48

exemplo: o serviço de lavagem de veículos poderia ser considerado como um produto de consumo de massa (de conveniência), enquanto que o serviço de ensino de idiomas a altos executivos seria um serviço de consumo especial ou exclusivo.

O importante, para a gerência de produtos, é compreender a natureza do produto, perceber como o cliente o enxerga e, então, desenvolver estratégias de comunicação e de distribuição que atendam às necessidades dos clientes, proporcionando os benefícios por eles desejados. Com isso, disponibilizando aos clientes aquele conjunto de utilidades esperados por esses clientes.

Questões para revisão

1. Como você conceituaria produto?
2. O que são produtos de consumo de massa? Exemplifique.
3. O que é um produto genérico?
4. Como os produtos podem ser classificados?
5. Que tipo de cliente apresenta comportamento de compra mais semelhante, os de produtos de consumo ou os de produtos industriais? Por quê?

Questões para reflexão

1. Uma atividade importante da gerência de produtos é o planejamento. Você concorda que informação é um insumo básico para o processo de planejamento?
2. Um bom gerente de produtos deve ser um bom vendedor?
3. A mais importante atividade de marketing, talvez sua essência, é a de identificar desejos e/ou necessidades não satisfeitos no mercado. Você concorda com essa afirmativa? Por quê?

Questões para revisão

Com estas atividades, você tem a possibilidade de rever os principais conceitos analisados. Ao final do livro, o autor disponibiliza as respostas às questões, a fim de que você possa verificar como está sua aprendizagem.

Questões para reflexão

Nesta seção, a proposta é levá-lo a refletir criticamente sobre alguns assuntos e trocar ideias e experiências com seus pares.

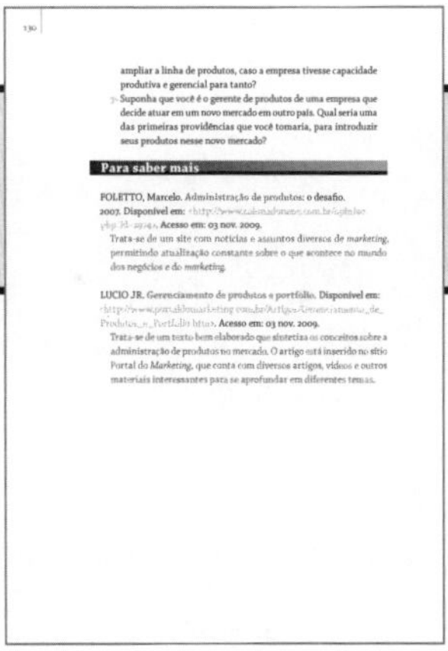

130

ampliar a linha de produtos, caso a empresa tivesse capacidade produtiva e gerencial para tanto?

3. Suponha que você é o gerente de produtos de uma empresa que decide atuar em um novo mercado em outro país. Qual seria uma das primeiras providências que você tomaria, para introduzir seus produtos nesse novo mercado?

Para saber mais

FOLETTO, Marcelo. Administração de produtos: o desafio. 2007. Disponível em: <[illegible]>. Acesso em: 03 nov. 2009.

Trata-se de um site com notícias e assuntos diversos de *marketing*, permitindo atualização constante sobre o que acontece no mundo dos negócios e do *marketing*.

LUCIO JR. Gerenciamento de produtos e portfólio. Disponível em: <[illegible]>. Acesso em: 03 nov. 2009.

Trata-se de um texto bem elaborado que sintetiza os conceitos sobre a administração de produtos no mercado. O artigo está inserido no sítio Portal do *Marketing*, que conta com diversos artigos, vídeos e outros materiais interessantes para se aprofundar em diferentes temas.

Para saber mais

Você pode consultar as obras indicadas nesta seção para aprofundar sua aprendizagem.

Introdução

Ser um bom gerente de produtos significa nos relacionarmos com o produto, com o mercado, com os fornecedores, com os pares dentro da organização, com os subordinados e os superiores hierárquicos, com os membros do canal de distribuição e com todo e qualquer envolvido com o produto de alguma forma e, além disso, significa nos relacionarmos com o cliente/consumidor do produto.

Porém, esse relacionamento deve ser significativo, não um relacionamento qualquer. Isso significa que o gerente de produtos deve conhecer o seu cliente/consumidor, deve entender seu comportamento e, a partir daí, oferecer-lhe produtos e/ou serviços que realmente satisfaçam suas necessidades e/ou desejos.

Você verá ao longo dos quatro capítulos que compõem este livro vários aspectos a serem administrados pelo gerente de produtos. Contudo, podemos assegurar que se você aprender a conhecer profundamente seu cliente/consumidor, identificando corretamente suas necessidades e/ou desejos, certamente todas as demais atividades da gerência de produto serão extremamente agradáveis de serem executadas.

O primeiro capítulo define o que é a gerência de produto, o que é o objeto de ação do gerente de produtos – o produto em si. Em *marketing*, o produto é o primeiro dos quatro "Ps"[1], conjunto denominado de *composto de produto*. No intuito de tornar a definição dos produtos e sua gerência mais clara, classificamos os produtos em *produtos de consumo* e *produtos industriais*, simplificando sua conceituação de forma que o gerente de produtos possa geri-los com base nessa classificação.

[1] Os 4 Ps do *marketing* são: Produto, Preço, Promoção e Praça (distribuição).

No segundo capítulo, tratamos de conceituar o planejamento necessário para o gerenciamento de produtos e o planejamento de novos produtos, bem como considerações gerais sobre a estratégia do composto de produtos. Finalizamos o capítulo com o chamado *ciclo de vida do produto*, uma vez que este apresenta um determinado ciclo de duração ao longo do tempo. Apresentamos também considerações sobre o prolongamento do ciclo de vida do produto e os objetivos e diretrizes do produto. Com isso estabelecemos as bases necessárias para o exercício da atividade de gerência de produto.

No terceiro capítulo, tratamos do desenvolvimento do produto, desde a fase da pesquisa e desenvolvimento, considerada como a fase de gestão do produto, passando para a elaboração do produto, que começa com o processo de geração de ideias, seguida da avaliação destas, do teste de conceito, da elaboração de protótipos, do lançamento do produto no mercado e do monitoramento dos resultados obtidos, finalizando com a questão da produção em série do novo produto.

O último capítulo trata da administração do produto, a ação do gerente de produtos, estabelecendo o conceito de linha de produtos (que implica o conhecimento do conceito de portfólio de produtos), e apresentamos as principais decisões tomadas em relação às linhas de produtos de uma organização. Na sequência, tratamos da questão da criação de marcas e da proteção legal destas. Apresentamos também o conceito e a importância da embalagem para os produtos, bem como do processo de rotulagem, finalizando o capítulo com a apresentação de algumas estratégias competitivas sustentáveis para os produtos no mercado, uma vez que os mesmos precisam ser administrados de forma diferente conforme o estágio do ciclo de vida em que se encontram. Nessa parte final do capítulo ainda apresentamos alguns aspectos relacionados à questão da qualidade como forma de sustentação de estratégias competitivas para o produto no mercado.

1
Gerência do produto e conceituação do produto em si

Conteúdos do capítulo:

- caracterização de gerente e gerência de produto;
- conceito de produto;
- definição de produto genérico e produto ampliado;
- classificação de produtos de consumo;
- classificação de produtos industriais.

Após o estudo deste capítulo você será capaz de:

- compreender o que é e o que faz um gerente de produtos;
- compreender as atividades desempenhadas pelo gerente de produtos;
- entender como avaliar o desempenho de um gerente de produtos;
- distinguir os conceitos de produtos;
- empregar corretamente os conceitos de produtos;
- diferenciar produtos de consumo de produtos industriais;
- classificar corretamente os produtos de consumo;
- classificar corretamente os produtos industriais.

Para esclarecer o que é produto, é necessário entendermos também o que é gerência de produtos e as atividades do profissional responsável por "cuidar" do produto ao longo de sua existência. Portanto, vamos iniciar esclarecendo esses aspectos.

1.1 Produto e gerência de produto

O gerente de produtos, também chamado de *gerente de mercado* em algumas organizações, é um profissional de *marketing* que se responsabiliza pelo acompanhamento do produto desde sua concepção até sua disponibilização aos clientes no mercado. Cabe também ao gerente de produtos estudar a criação do produto (como veremos nesta obra), e controlar sua rentabilidade ao longo de sua existência no mercado.

Também é sua incumbência gerir as informações relacionadas com o produto sob sua responsabilidade e, com esse objetivo, manter relações funcionais com todas as áreas da organização.

1.1.1 Quais as competências que um gerente de produtos deve possuir?

Para desempenhar bem a execução de suas atividades, o gerente de produtos deve ter formação com foco em *marketing* e/ou ampla experiência em funções da área. Ou seja, é necessário possuir sólidos conhecimentos de *marketing*, experiência em vendas e conhecimento das técnicas de gerenciamento.

Além disso, o gerente de produtos deve ser uma pessoa dinâmica, determinada, criativa e imaginativa, capaz de se relacionar facilmente com as pessoas, com diplomacia. O gerente de mercado precisa também ser hábil na gestão de pessoas para conseguir colaboração espontânea na execução de suas ideias e recomendações. Seu cargo também demanda o reconhecimento como líder por parte de seus pares e um grande poder de persuasão. Deve apresentar capacidade de síntese, independência de ação e capacidade de elaborar relatórios concisos com regularidade à sua chefia imediata.

1.1.2 Quais as responsabilidades, a subordinação e as relações funcionais do gerente de produtos?

Como afirmamos anteriormente, as principais responsabilidades do gerente de produtos se relacionam com a elaboração de planos para o produto, sua execução e acompanhamento. Para tanto, ele precisa coordenar as atividades de produção, do composto promocional (propaganda, *merchandising* etc.) e de distribuição, realizando o acompanhamento da conformidade dos resultados conforme o que foi planejado.

Em organizações de maior porte, o gerente de produtos é subordinado ao diretor de *marketing* e, em organizações menores, pode reportar-se a um gerente ou diretor geral.

Quanto às relações funcionais, o gerente de produtos se relaciona com diversas áreas da organização para melhor executar suas atividades, conforme segue:

- com a gerência de recursos humanos, para determinar necessidades de recrutamento, seleção e desenvolvimento dos colaboradores a ele subordinados;
- com a gerência de pesquisa de *marketing*, para obter e acompanhar informações de estudos sobre produto, resultados de testes e as informações relativas ao seu produto ou linha de produtos, além

de definir o posicionamento de seus produtos e dos concorrentes no mercado;

- com a gerência de pesquisa e desenvolvimento (P&D), para acompanhar o andamento de pesquisas em desenvolvimento, visando a aperfeiçoamentos de produto e a direcionamentos desejáveis para a orientação das pesquisas;
- com a gerência de produção, visando colaborar na confecção de planos de produção e eventuais estudos para reduções nos tempos de ciclo de produção;
- com a gerência de logística, para definir o nível de serviço logístico a ser oferecido aos clientes ao longo do canal de distribuição;
- com a gerência de vendas, para acompanhar as vendas do produto por áreas geográficas e visando ao aumento de vendas em função de campanhas ou ações promocionais;
- com a gerência de promoção de vendas, para informar campanhas futuras, acompanhar orçamentos, campanhas realizadas e os resultados obtidos;
- com a gerência de propaganda, para delinear suas determinações e participar da preparação de campanhas de comunicação e garantir que sua execução atinja os resultados previstos.

1.1.3 Quais as principais atividades do gerente de produtos?

São muitas as atividades inerentes a um cargo de gerência. Especificamente, o gerente de produtos deve buscar compreender profundamente os hábitos e os comportamentos dos clientes. Assim, ele precisa manter contato com as demais áreas funcionais da organização, uma vez que a área de pesquisa de *marketing* oferece os resultados de pesquisa e estudos de mercado com os quais o gerente de produtos poderá aprofundar a acurácia dos seus conhecimentos sobre o cliente. A área de vendas, por sua vez, fornece-lhe informações sobre as vendas por áreas geográficas, pontos de vendas e tipos de clientes. As áreas de comunicação e de promoção de vendas reforçam as informações com dados sobre as mídias utilizadas e os impactos ambientais. Ou seja, no contato com as diferentes áreas funcionais, o gerente de produtos desenvolve atividades específicas inerentes ao cargo.

Além dessas atividades, o gerente de produtos desempenha atividades diferenciadas, como:

- **Definir a estratégia de produto:** A partir das informações que possui sobre o produto, os hábitos e o comportamento do consumidor, suas motivações para compra etc. Por meio de informações sobre o mercado (tamanho, segmentação, localização etc.), os concorrentes e, principalmente, sobre seu produto, o gerente deve fixar a tendência geral do mercado e, na sequência, as estratégias para que as vendas sejam incrementadas. Ele deve examinar cuidadosa e detalhadamente as informações coletadas para determinar se o produto satisfaz desejos e/ou necessidades do mercado, buscando otimizar a amplitude dos produtos existentes. Além disso, o gerente de produtos deve prospectar novos produtos e/ou mercados.
- **Definir objetivos e estabelecer prognósticos:** Cabe ao gerente de produtos estabelecer os prognósticos[2] relacionados com o produto, elaborar o plano de *marketing* (no curto e médio prazos) para seu produto em estreita colaboração com seu superior hierárquico imediato, com o qual define os objetivos, as políticas e as metas. Tais fatores devem ser discutidos com os gerentes de produção e de vendas. Para tanto, o gerente de produtos define os seguintes itens – política de preço, política de produto, os objetivos comerciais para cada segmento de mercado e/ou mercado específico.
- **Definir os recursos necessários para atingir os objetivos:** Uma vez que os objetivos estejam definidos para os produtos sob sua responsabilidade, o gerente de produtos deve planejar os recursos a serem utilizados para que os mesmos possam ser atingidos. Cabe a ele estabelecer a sua força de vendas (recursos humanos), as campanhas de comunicação que serão desenvolvidas (investimento em publicidade e propaganda) e todos os demais recursos necessários.

[2] Entendidos aqui como previsões ou projeções relativas ao produto no mercado, vislumbrando seu sucesso no mesmo (considerando sempre a relação custo-benefício).

- **Implementar o planejamento:** Após ter elaborado o planejamento, cabe ao gerente de produtos, em conjunto com as demais gerências da área de *marketing*, implementar tudo o que foi planejado. Ou seja, o gerente de produtos deverá acompanhar a execução do que está no planejamento, visto que nem tudo será executado pela gerência de produtos. Outras gerências estarão envolvidas: gerência de vendas, de produção, de treinamento etc. Porém, a responsabilidade pelo sucesso do planejamento é sempre do gerente de produtos.
- **Efetuar o controle do planejado × o realizado:** Como a responsabilidade pelo sucesso do planejamento é do gerente de produtos, cabe a ele acompanhar sua execução através de medidas de controle. Ele deve acompanhar os custos do planejamento de *marketing* relacionados com estoques, embalagens, relações públicas, propaganda, promoção e distribuição. Uma das ferramentas importantes para isso é o relatório mensal da participação de mercado (*share*), no qual se acompanha o desempenho dos produtos no mercado em termos de sua participação relativa em relação aos concorrentes. Para o controle, o gerente de produtos deve analisar os resultados de vendas por linha de produto, mercado e região; analisar os resultados de propaganda e campanhas de promoção de vendas etc.
- **Realizar as correções de rota necessárias:** Uma vez que perceba desvios de rota em relação ao que foi planejado, cabe ao gerente de produtos tomar as providências necessárias para corrigir tais desvios, visando garantir o sucesso do planejamento. Para isso, é fundamental acompanhar os relatórios periódicos das equipes de vendas, os relatórios de participação de mercado e outros relatórios que permitam tal acompanhamento.

1.1.4 Como é avaliado o desempenho de um gerente de produto?

A avaliação do desempenho da gerência de produto é realizada como qualquer outra avaliação de desempenho de recursos humanos. Ou seja, um gerente de produtos deve possuir as competências necessárias ao exercício do cargo e, em síntese, são essas competências que permitirão avaliar o seu desempenho.

Seguem alguns dos aspectos a serem avaliados em relação ao padrão de desempenho do gerente de produtos:

- qualidade do seu desempenho pessoal;
- qualidade das previsões elaboradas;
- qualidade do seu relacionamento com as demais áreas da organização e com os demais departamentos do *marketing*;
- qualidade do seu relacionamento com a equipe de vendas;
- qualidade do seu relacionamento com os seus pares;
- qualidade das informações fornecidas para a gerência de *marketing*;
- qualidade do *follow-up* das operações propostas pela gerência de produtos;
- qualidade da sua metodologia de trabalho;
- grau de adequação das ideias propostas em termos de adequação do(s) produto(s) ao(s) mercado(s);
- grau de criatividade nas sugestões para adaptar o produto às necessidades do mercado;
- grau de atingimento das metas dentro dos volumes estabelecidos, bem como da qualidade desse atingimento;
- grau de atendimento aos prazos estabelecidos;
- grau de cumprimento das metas orçamentárias;
- grau de cumprimento e aperfeiçoamento de diretrizes e políticas organizacionais;
- grau de contribuição para o desenvolvimento da organização como um todo.

Fica fácil constatarmos que são muitos os atributos a serem utilizados para avaliar o desempenho do gerente de produtos. Para tanto, alguns indicadores que permitirão avaliar seu desempenho podem ser assim relacionados:

- relatórios de atingimento de metas;
- relatórios financeiro-orçamentários;
- relatórios de propostas de adaptação de produtos;
- índice de rotatividade de sua equipe (*turnover*);

- nível de manutenção do moral de seu grupo de trabalho;
- mapa de atividades.

Como podemos perceber, o gerente de produtos é uma das figuras essenciais para o sucesso mercadológico de uma organização. Agora que já sabemos o que é um gerente de produtos e o que ele faz, podemos analisar o segundo termo do nome do cargo, o *produto*.

Na continuação, vamos compreender o que é um produto, de forma que poderemos, ao final, formar uma visão clara da gerência de produto e do seu objeto de ação: os produtos sob sua responsabilidade.

1.2 Conceito de produto

Um grande desafio em *marketing* sempre foi definir o que seja um produto. Para pensar sobre o assunto, vamos imaginar que estamos comprando uma motocicleta. Você compra uma motocicleta de que forma? Compra um conjunto de porcas, parafusos e chapas de metal? Por que razão? Seria para locomoção? Pelo prazer de dirigir ao vento? Para sentir-se jovem? Na verdade, cada um de nós compra tudo isso e mais algumas coisas que não se integram ao produto em si, como o serviço de pós-venda, a manutenção, a marca da motocicleta, a imagem da empresa que está vendendo, os serviços de manutenção etc.

Como esse simples exemplo nos permite perceber, um produto é muito mais que uma máquina de lavar roupas, um fogão, uma geladeira, uma motocicleta ou um automóvel. Um produto é um conjunto de atributos que lhe caracterizam e definem sua configuração sob a ótica do consumidor ou usuário. Ou seja, um produto apresenta tantos componentes tangíveis (palpáveis) quanto componentes intangíveis.

Aos componentes tangíveis e intangíveis, que existem de fato em maior ou menor grau, somam-se outros atributos que não existem de fato em termos do produto, mas que existem para o consumidor ou usuário. Quando uma mulher compra um batom, por exemplo, ela não está comprando proteção para os lábios ou um conjunto de atributos químicos e físicos; ela está comprando beleza. Por isso, no gerenciamento desse tipo de produto, devemos enfatizar apelos que direcionem a decisão de compra em função do que o cliente espera que o produto faça por ele, e não em relação ao que o produto realmente é em termos de seus atributos físico-químicos.

Isso é importante para a gerência de produtos – poder elaborar estratégias de comunicação de *marketing* que permitam comunicar aos clientes potenciais os atributos intangíveis do produto e, principalmente, os benefícios que o produto pode oferecer a eles. Assim, no ato de descrevermos um produto, é interessante apresentarmos suas características (produto tangível), suas vantagens (produto genérico) e seus benefícios (produto ampliado).

Essas questões podem ser mais bem entendidas ao analisarmos a figura a seguir.

Figura 1 – Produto genérico e produto ampliado

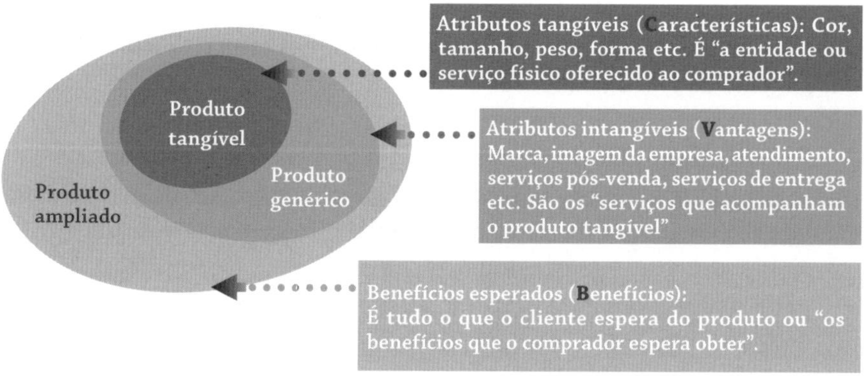

Fonte: Baseada em Kotler (1980, p. 564-566).

A figura corrobora nossa afirmativa de que um produto é mais do que apenas suas características físicas (as porcas, parafusos e lataria da motocicleta), sendo agregado de características intangíveis (a marca da motocicleta, a imagem do fabricante, o atendimento do revendedor etc.), além daquilo que o cliente espera ou deseja em relação ao produto. Ou seja, um produto, para atender plenamente seus clientes, deve ir além daquilo que ele se propõe efetivamente a ser ou fazer.

Quando estudamos *marketing*, aprendemos que um produto é considerado adequado quando ele atende às necessidades e/ou desejos dos consumidores aos quais ele se destina. Assim, um produto deve apresentar características de qualidade e padronização para garantir uniformidade e constância de fornecimento, ser oferecido em modelos e tamanhos que atendam às expectativas dos clientes e, por fim, ter uma configuração adequada, entendida como a apresentação do produto em termos físicos, sua embalagem, a marca e os serviços a ele associados.

De forma genérica, **podemos definir produto como sendo toda e qualquer coisa que um vendedor deseje vender e que o consumidor deseje comprar**. Isso nos leva a concluir que quando uma organização tem alguma coisa para vender, sejam bens físicos ou não, está vendendo produtos. Além disso, qualquer organização que tenha algo a oferecer ao mercado na verdade vende serviços como parte desse "algo a oferecer". Por seu lado, o comprador não adquire esse "algo" oferecido pela organização, ele adquire uma mistura de satisfações físicas e psicológicas às suas necessidades.

Segundo Cobra (1985, p. 350),

> as pessoas compram não o que esses produtos ou serviços possam fazer por elas, mas o que elas querem que eles façam, isto é, um benefício – é isso que elas compram. E esse benefício é buscado em primeiro lugar e em todo lugar. O benefício não é parte do produto ou serviço, é o que as pessoas querem que ele seja. O benefício é o que o produto ou serviço pode fazer em função de suas características e mais o que as pessoas querem que ele seja.

Ou seja, as pessoas não compram o produto genérico (o que o produto efetivamente pode fazer por elas), elas compram o produto ampliado (o que elas esperam que o produto faça por elas). Isso significa entendermos o produto de uma forma muito mais abrangente, que inclui conhecermos as necessidades e os desejos das pessoas e como elas se comportam em função dessas necessidades e desejos. Somente quando compreendemos isso é que podemos oferecer às pessoas produtos ou serviços que as satisfaçam, que representem benefícios a elas.

Diante disso, **um produto pode ser definido como um conjunto de utilidades constituídas de várias características do próprio produto e de serviços complementares que se agregam a ele.** Esse conjunto de utilidades (ou seja, o conjunto de satisfações físicas e psicológicas que serão usufruídas pelo comprador) é possibilitado pelo vendedor quando este transfere ao comprador uma combinação de características do produto em si e de serviços que se agregam a ele.

Porém, apesar da dificuldade em se conceituar o termo *produto* de forma genérica e abrangente, classificá-lo de alguma forma sob a perspectiva do *marketing* é necessário para facilitar seu estudo. A classificação dos produtos é baseada na perspectiva de seu uso ou consumo, conforme veremos a seguir.

Dica prática

Não esqueça, na comunicação de *marketing*, usar o acrônimo CVB – Características, Vantagens e Benefícios do produto.

1.3 Classificação dos produtos

São diferentes as formas de percebermos um produto. Porém, uma das formas mais comuns de enxergá-lo é baseada na perspectiva de sua destinação. Assim, os produtos podem ser destinados aos consumidores finais ou às organizações industriais, comerciais ou de serviços. Os produtos também podem ser classificados em virtude de sua durabilidade, e sob essa perspectiva podem ser duráveis ou não duráveis. Segundo Wind (1982), a classificação mais antiga de produtos é do início do século passado (1925) e classifica os produtos em: produtos industriais, produtos de consumo e serviços. Enfim, são muitas as formas por meio das quais podemos classificar um produto, conforme veremos na continuação.

1.3.1 Produtos de consumo e produtos industriais

Dependendo do uso que se dá para o produto, ele poderá ser classificado como um produto de consumo (destinado ao consumidor) ou um produto industrial. Os produtos de consumo são destinados aos consumidores finais, os indivíduos. Por outro lado, os produtos industriais são aqueles que se destinam ao uso na produção comercial de outros bens ou se relacionam com o desempenho de algum outro negócio ou atividade institucional (por exemplo, os produtos de limpeza utilizados em um hotel).

Essa forma de classificarmos os produtos se dá em função dos objetivos de compra dos mesmos e, ainda, decorre do comportamento de compra (a decisão de compra) que é diferente em cada caso. Isso é importante para definir as estratégias de *marketing* mais adequadas para a venda de cada tipo desses produtos.

Dica prática

Um sabonete vendido para um consumidor deve ter um apelo comercial diferente do apelo a ser utilizado para a venda desse mesmo sabonete para um hotel, por exemplo.

Para o consumidor final, o apelo poderá se focar no aroma do sabonete ou na embalagem pela qual ele é comercializado.

Para o hotel, o apelo deverá passar por questões mais amplas: o fato do sabonete não causar alergia nos clientes do hotel, o custo de aquisição etc.

Vejamos, a seguir, como se subdividem os produtos de consumo e os produtos industriais.

Classificação dos produtos de consumo

Também nessa classificação existem diferentes formas de se definir o que seja produto de consumo. Melvin T. Copeland (professor da *Harvard Business School*) estabeleceu uma classificação em que considera as diferentes atitudes e comportamentos do consumidor, na qual propõe três classes de produtos de consumo: **produtos genéricos**, **produtos especulativos** e **produtos especiais** (Copeland, 1923).

Outra classificação é a proposta por McCarthy (o criador dos 4 Ps), que propõe quatro classes para os produtos de consumo: **produtos de conveniência**, **produtos de escolha**, **produtos especiais** e **produtos não procurados** (McCarthy, 1982).

Como os produtos não procurados são os que o consumidor não compra durante um determinado período de tempo, exigindo um esforço muito grande no ponto de venda para que sejam comercializados, vamos nos concentrar nos outros três tipos de bens, que são semelhantes em ambas as classificações.

- **Produtos genéricos ou produtos de conveniência:** Devemos entender como produtos genéricos, ou de conveniência, aqueles itens que o consumidor compra frequentemente, imediatamente e com mínimo esforço de procura nas lojas. Por exemplo: cigarros, balas, chicletes, revistas, jornais, combustível, remédios e a maioria dos produtos de mercearia. São bens não duráveis, artigos consumidos ou utilizados rapidamente. Esses produtos são também denominados de *produtos de consumo de massa*, uma vez que apresentam elevados volumes de vendas. Por isso mesmo os consumidores os compram frequente e normalmente, nem adiando a compra nem a fazendo com grande antecedência em relação à época do consumo.

  Buscando reduzir ao mínimo o tempo e o esforço gastos em compras, o consumidor adquire os produtos genéricos em locais convenientes para ele (daí o nome de *produtos de conveniência*). Local conveniente é aquele perto da casa do consumidor, no caminho que ele percorre para o trabalho ou perto de seu local de trabalho. Por saberem que os consumidores dificilmente saem de seu caminho para comprar, os comerciantes de produtos genéricos os colocam à venda em numerosos pontos de venda.
- **Produtos especulativos ou de compra comparada:** Os produtos de compra comparada, ou especulativos, são aqueles que o consumidor escolhe e compra depois de fazer comparações no que se refere à conveniência, à qualidade, ao preço, ao estilo e a outras características do produto. Por exemplo: móveis, roupas, calçados, utilidades domésticas etc. Antes de comprar esses itens, o consumidor vai a mais de um ponto de venda e compara as ofertas e o preço de cada um.

  Esses não são adquiridos frequentemente; são usados ou gastos lentamente e os compradores podem adiar sua aquisição por prazos variados. Graças a esses fatores, o consumidor acredita que as possíveis vantagens conseguidas graças à especulação de loja em loja são maiores que os custos em termos de dispêndio de tempo e de esforço. A palavra-chave para identificar os produtos especulativos é a comparação.

A marca do produto é muito menos importante para os produtos especulativos do que para os genéricos. Em alguns casos, o consumidor estará disposto a pagar mais por certa marca de produto especulativo. Porém, na maioria dos casos o consumidor dificilmente estará disposto a pagar pelo possível prestígio da marca.

O comerciante desses produtos coloca ênfase no fato de tê-los expostos à venda em pontos da cidade por onde provavelmente os consumidores passarão, em locais de fácil acesso, muito movimento de público, fácil estacionamento etc. Ao contrário do comerciante de produtos genéricos, que os expõem no maior número possível de pontos.

- **Produtos especiais:** Também chamados de *especialidades*, são aqueles produtos dos quais um número significativo de pessoas se dispõe a despender um esforço maior na sua aquisição. Os produtos especiais apresentam características exclusivas ou intenso grau de valorização da marca (ou ambas as coisas). Por exemplo: equipamentos de vídeo e áudio, alimentos sofisticados, selos e moedas para colecionadores, roupas de costureiros famosos etc. Os consumidores já sabem exatamente a marca ou produto que desejam adquirir e fazem um esforço todo especial para descobrir onde comprar o produto desejado. Quando decidem pela compra, eles nem cogitam comparar o produto especial com outros; e como os produtos especiais estão na faixa de artigos raros ou dispendiosos, os consumidores podem dar-se ao luxo de uma pesquisa demorada antes da compra. Os produtos especiais são encontrados tanto a preços altos quanto baixos. O preço é consideração secundária para a compra. Convém destacarmos que o produto não precisa ser de difícil localização para receber o rótulo de especial. Como exemplo, podemos citar aquele cliente que precisa comprar determinada marca de remédio receitada por seu médico.

Dica prática

Para produtos de conveniência, é preciso tornarmos o produto disponível no maior número de pontos de venda possível, para que o cliente não precise de muito esforço para adquiri-lo.

Produtos de compra comparada precisam de suporte no ponto de venda. Assim, é recomendável treinarmos as equipes de vendas dos revendedores.

Produtos especiais não exigem muito esforço no ponto de venda. Porém, a criação de imagem (conceito) da empresa e/ou do produto é fundamental.

Agora que sabemos o que são produtos de consumo, vejamos como podemos classificar os produtos industriais.

Classificação dos produtos industriais

Conforme já comentamos, a diferença básica entre produtos de consumo e produtos industriais consiste no processo decisório de compra. Assim, os clientes ou usuários industriais demonstram padrões de comportamento mais uniformes em suas compras que os consumidores finais. São muito semelhantes na forma como tomam decisões de compra em produtos similares. Assim, os produtos industriais se prestam facilmente a uma classificação sistematizada, com base nos usos que terão. Destacam-se quatro grandes grupos: a) equipamentos para produção; b) materiais para a produção; c) complementos para produção; d) materiais para a administração. Vejamos cada um desses tipos de produtos.

- **Equipamentos para a produção:** Nesse grupo encontramos instalações, equipamentos de menor porte, fábricas e prédios, que podem ser assim descritos:
  - **Instalações** – Aqui englobamos os itens de maior porte no equipamento para a produção, essenciais para as operações de um usuário industrial. A compra de uma instalação envolve o investimento de somas relativamente elevadas. Por isso, as decisões de compra geralmente exigem a aprovação não só da alta administração da organização, mas também do responsável pelo departamento especializado. Pelo seu elevado valor

unitário, muitas instalações são vendidas diretamente pelo fabricante ao cliente industrial.

- **Equipamentos de menor porte** – Essa subcategoria compreende peças de equipamentos que o cliente industrial utiliza ao fabricar seu produto. Os métodos de compra são rotineiros: o comprador industrial faz o pedido, de acordo com as especificações estabelecidas pelo departamento que precisa do item.
- **Fábricas e prédios** – Esses itens são necessários às operações do cliente industrial e representam elevado investimento de capital. As fábricas e prédios geralmente não são considerados unidades completas, embora empresas construtoras tenham se especializado nesses produtos. Em todos os aspectos mais relevantes, os clientes industriais consideram a compra (ou a construção) de fábricas e prédios da mesma forma que consideram as instalações.

- **Materiais para a produção:** Os materiais para produção são aqueles utilizados nos processos produtivos cotidianos das organizações e são objeto de estudo da chamada *administração de materiais*. Nessa categoria encontramos as matérias-primas, artigos semiacabados e componentes que podem ser assim definidos:
  - **Matérias-primas** – São os insumos básicos oriundos da natureza (fazendas, minas, florestas, rios e oceanos), e que entram na fabricação de artigos manufaturados. Os métodos de compra das matérias-primas variam, dependendo da proporção em que seus custos oneram os custos totais de produção e das condições do mercado. Se o mercado de matérias-primas se caracteriza por grande estabilidade no que diz respeito ao suprimento e à condição de preço, gestores de escalão relativamente baixo é que fazem as compras de rotina. Quando o fornecimento se torna instável, bem como os preços, são os gerentes de alto escalão a fazer as compras, procurando adaptar os métodos de compra da organização às condições instáveis do mercado.
  - **Artigos semiacabados** – Estes são itens que não podem ser considerados nem como produtos prontos para a venda nem como matérias-primas básicas para produzi-los. Em

comparação com os preços das matérias-primas, os preços dos artigos semiacabados são relativamente estáveis, daí a sua compra ser rotineira.

- **Componentes** – São artigos manufaturados que, sem qualquer mudança substancial em sua forma, são incorporados ou reunidos em um produto mais completo e acabado. Os clientes industriais adquirem componentes, fabricados segundo suas próprias especificações, diretamente das indústrias. As negociações são feitas por executivos categorizados não só da empresa vendedora, mas também da empresa compradora.

- **Complementos para a produção:** Em logística, esses produtos são denominados *itens MRO*, ou seja, itens de manutenção, reparos e operações. São materiais essenciais para as operações dos clientes industriais, mas que não se agregam ao produto acabado. Como exemplos, temos os combustíveis, lubrificantes, material de limpeza e conservação etc. O processo de compra desses materiais auxiliares é rotineiro para a área de compras dos clientes industriais e esses produtos geralmente são comprados de intermediários (distribuidores e revendedores), sem contato direto com os fabricantes.
- **Materiais para a administração:** Nessa categoria de produtos encontram-se tanto itens de valor elevado, como computadores de grande porte e sistemas de processamento de dados (*software*, redes etc.) quanto itens de valor mais baixo, como suprimentos de informática e materiais de escritório.

Para os itens de valor elevado, geralmente o processo não é de compra, mas de arrendamento mercantil (*leasing*). Porém, tanto na compra quanto no *leasing*, as decisões de compra acontecem da mesma forma que nas compras de instalações para a produção.

Por outro lado, computadores pessoais (*desktop*), impressoras, *scanners*, aparelhos fac-símile, calculadoras e demais materiais de utilização pessoal dentro das organizações são comprados pelo departamento de compras, quando necessário, a partir de requisições dos departamentos que utilizarão tais equipamentos. Para os itens de valor unitário baixo, como lápis, canetas, apontadores, grampeadores etc., as compras são rotineiras e, geralmente, a área de compras efetua pedidos e mantém estoques mínimos para atendimento imediato às solicitações dos usuários.

Como podemos perceber, os produtos industriais podem ser exatamente os mesmos que os produtos de consumo. Por exemplo: um computador pessoal pode ser utilizado tanto por um indivíduo em sua casa quanto numa empresa para atividades profissionais. A mudança é que a compra desse mesmo computador realizada pelo indivíduo ocorre de uma maneira diferente daquela apresentada em um processo de compra industrial.

Ou seja, o principal aspecto que diferencia os produtos de consumo dos produtos industriais é o comportamento de compra adotado pelos envolvidos nesse processo. Como síntese do que foi até aqui apresentado, propomos o quadro comparativo a seguir, no qual apresentamos os dois tipos de produtos (de consumo e industriais).

Quadro 1 – Resumo comparativo dos produtos de consumo e industriais

Produtos de consumo	Produtos industriais
Produtos de conveniência	Equipamentos para produção
Produtos de compra comparada ou especulativos	Materiais para a produção
Produtos especiais	Complementos para a produção Materiais para a administração

Por fim, é importante sabermos diferenciar os produtos para que a estratégia de comunicação de *marketing* a ser adotada seja a mais adequada possível, de modo que tanto os consumidores ou usuários dos produtos quanto seus compradores tenham consciência de que estão comprando exatamente aquilo que desejam e que satisfará suas necessidades.

Dica prática

Para equipamentos de produção, o esforço de vendas deve ser focado no alto escalão das organizações industriais, com esforço de vendas altamente técnico e especializado.

Materiais para a produção exigem relacionamento estreito com os clientes industriais e investimentos na qualidade do produto.

Complementos para a produção (MRO) exigem promoção em feiras e eventos e treinamento para equipes de vendas de revendedores e distribuidores.

Materiais para a administração exigem distribuição em larga escala, com preços competitivos e qualidade elevada, para os itens de menor valor. Para os itens de valor mais elevado, o procedimento é semelhante ao dos equipamentos de produção.

Outra forma de compreendermos os produtos é a partir da sua durabilidade. Assim, os produtos podem ser definidos como **bens duráveis**, **bens de consumo** ou **serviços**. Bens duráveis são aqueles que apresentam uma vida útil mais longa como, por exemplo, automóveis, geladeiras, televisores etc.; os bens de consumo são aqueles que já apresentamos na classificação de bens de consumo; os serviços, por sua vez, são "produtos" destinados a satisfazer necessidades sem bens físicos como, por exemplo, serviços de jardinagem, serviços de educação etc.

Síntese

Neste capítulo, compreendemos que um gerente de produto é um dos membros da equipe de *marketing*, subordinando-se ao gerente de *marketing*. Vimos também que o gerente de produto é um indivíduo dotado de grande capacidade criativa, facilidade de relacionamento, perspicácia, capacidade empreendedora e muito dinamismo.

Compreendemos que o gerente de produto é responsável por acompanhar os produtos sob sua responsabilidade ao longo do seu ciclo de vida[3], e que seu cargo exige competência para o planejamento e para o acompanhamento desse ciclo, tomando as medidas corretivas necessárias no momento certo, visando garantir o sucesso de seus produtos no mercado. Vimos as principais atribuições da gerência de produto,

[3] Ciclo de vida é um termo que será tratado no segundo capítulo deste livro. Trata-se das diferentes fases que um produto percorre durante sua permanência no mercado.

as possibilidades de avaliação do desempenho do gerente e possíveis indicadores para mensurar esse desempenho.

Aprendemos ainda que um produto é um conjunto de utilidades, uma vez que, além das características intrínsecas do produto em si, agregam-se a ele outros componentes que atendem às necessidades e aos desejos dos seus compradores.

Compreendendo o produto como um conjunto de atributos ou utilidades, é possível entendermos que a atuação da gerência de produtos deve sempre adotar uma estratégia de comunicação de *marketing* que ofereça aos clientes informações sobre como o produto pode gerar benefícios. Vemos isso mais claramente quando nos lembramos do acrônimo CVB – Características (descrevem o produto tangível), Vantagens (descrevem o produto genérico) e Benefícios (descrevem o produto ampliado).

Afirmamos que é imprescindível sabermos que o comportamento de compra dos clientes permite que classifiquemos os produtos de maneira a facilitar a definição das políticas de produto no planejamento de *marketing*. Assim, os produtos podem ser classificados sob a ótica da sua durabilidade, que se relaciona com a vida útil do produto.

Outra classificação mais usual consiste em dividir os produtos (depois que sabemos se são duráveis ou não), pelo comportamento de compra dos clientes. Entre as subdivisões dos produtos de consumo temos os produtos de conveniência, os produtos de compra comparada ou especulativos e os chamados *produtos especiais* ou *exclusivos*.

Os produtos industriais, por sua vez, apresentam um processo decisório mais elaborado em que a relação custo-benefício é uma constante, e se subdividem em quatro categorias. A primeira são os equipamentos para produção, e a segunda são os materiais para a produção. A terceira categoria de produtos industriais contempla os chamados *complementos para produção* (que sob a ótica da logística são denominados itens MRO – Manutenção, Reparo e Operações), destinados ao dia a dia das operações. Por fim, a quarta categoria de produtos industriais são aqueles produtos denominados *administrativos* ou *materiais para a administração*.

Como categoria especial de "produtos" temos os serviços, que devem ser tratados pelo *marketing* exatamente da mesma forma como os produtos físicos, em termos de estratégias de distribuição e de comunicação. O importante é identificar em que categoria o serviço se encontra. Por exemplo: o serviço de lavagem de veículos poderia ser considerado como um produto de consumo de massa (de conveniência), enquanto que o serviço de ensino de idiomas a altos executivos seria um serviço de consumo especial ou exclusivo.

O importante, para a gerência de produtos, é compreender a natureza do produto, perceber como o cliente o enxerga e, então, desenvolver estratégias de comunicação e de distribuição que atendam às necessidades dos clientes, proporcionando os benefícios por eles desejados e, com isso, disponibilizando a eles aquele conjunto de utilidades que esperam.

Questões para revisão

1» Como você conceituaria produto?
2» O que são produtos de consumo de massa? Exemplifique.
3» O que é um produto genérico?
4» Como os produtos podem ser classificados?
5» Que tipo de cliente apresenta comportamento de compra mais semelhante, os de produtos de consumo ou os de produtos industriais? Por quê?

Questões para reflexão

1» Uma atividade importante da gerência de produtos é o planejamento. Você concorda que informação é um insumo básico para o processo de planejamento?
2» Um bom gerente de produtos deve ser um bom vendedor?
3» A mais importante atividade de *marketing*, talvez sua essência, é a de identificar desejos e/ou necessidades não satisfeitos no mercado. Você concorda com essa afirmativa? Por quê?

Para saber mais

TAVARES, Fred. **As novas tendências do marketing e o seu papel nas organizações.** 18 abr. 2008. Disponível em: <http://www.mct.com.br/marketing_blogs/fredtavares/>. Acesso em: 5 ago. 2009.

Este é um *blog* no qual são comentados diferentes temas de *marketing* e no qual o internauta pode, além de se atualizar em relação a determinados temas, participar de discussões sobre os assuntos pautados.

O GUIA DO GERENTE DE PRODUTOS 2.0. Disponível em: <http://gerentedeprodutos.blogspot.com/>. Acesso em: 6 ago. 2009.

Blog com dicas interessantes sobre estratégia e desenvolvimento de produtos, *marketing*, tecnologia, entre outros assuntos interessantes para a gerência de produtos.

2

O composto produto

Conteúdos do capítulo:

- planejamento de produto;
- planejamento de produto com foco em vendas;
- planejamento de produto com foco em custos;
- planejamento de produto com foco em lucros;
- planejamento de novos produtos.

Após o estudo deste capítulo você será capaz de:

- reconhecer o planejamento de produtos no mercado;
- aplicar o planejamento à elaboração de produtos;
- identificar estratégias no ciclo de vida dos produtos;
- implementar estratégias para manutenção de um produto no mercado;
- identificar necessidades de inovações em produtos, identificando estratégias para tanto;
- criar novos produtos.

Quando fazemos o planejamento de produto não podemos nos esquecer que ele está, ou deve estar, inserido em um contexto mais amplo: o contexto do plano de *marketing*, que, por sua vez, deve inserir-se no planejamento estratégico organizacional. Isso pode ser percebido na figura a seguir.

Figura 2 – Subordinação do processo de planejamento de produto

A figura nos permite perceber que, com base em uma boa análise do ambiente onde a organização está inserida, elabora-se o planejamento estratégico que deve servir de "norte" para os demais planos da organização.

Do planejamento estratégico deriva o planejamento de *marketing*, que contém os vários planejamentos específicos da área, entre os quais o planejamento de produto. Assim, é importante percebermos que os objetivos do *marketing* apresentam uma especificidade que lhes é própria e relacionam-se à seleção de áreas de mercado específicas para atuação da organização e, ainda, ao estabelecimento de metas de vendas específicas. Tais objetivos são denominados de *objetivos de mercado genérico* (em qual mercado atuar) e de *objetivos de metas de vendas* (quanto vender nesses mercados).

Assim, para o planejamento de *marketing* é necessário que a análise do mercado inclua o comportamento e o perfil dos clientes, a concorrência e as demais variáveis do ambiente do *marketing*, tais como: preços praticados, campanhas promocionais, comunicação de *marketing* etc. O planejamento de produto, por sua vez, está inserido nessas mesmas estratégias de *marketing*.

Um aspecto importante a ser considerado diz respeito às convicções de mundo do gerente de produtos. É essencial que, tanto no planejamento quanto nos outros processos referentes ao produto, o gerente de produtos não se deixe contaminar por suas convicções pessoais ao desenvolver planos para os produtos pelos quais é responsável, porque, agindo dessa forma, poderá colocar em risco a sobrevivência destes no mercado.

É nessa perspectiva que se insere o planejamento de produtos, ou seja, como eles devem ser posicionados em cada mercado de atuação da organização e, com quais objetivos de vendas. Sobre isso discorreremos a seguir.

Dica prática

No planejamento de produtos, não podemos nunca deixar de considerar o planejamento estratégico e o planejamento de *marketing* da organização, assim como não podemos permitir que nossas convicções pessoais afetem a nossa visão do mercado.

2.1 Planejamento de produtos

Como vimos, o planejamento de produtos deve fazer parte do plano de *marketing* da organização, sendo uma das principais atribuições do gerente de produtos.

Esse planejamento deve considerar a história do produto ao longo do tempo, ou seja, deve contemplar dados sobre as vendas passadas, campanhas promocionais realizadas e seus efeitos, bem como a participação do produto no mercado (*share*) e em que estágio do ciclo de vida ele se encontra. Aspectos fundamentais no planejamento de produtos são as condições econômicas e os planos de ação dos concorrentes, entre outras informações importantes.

O planejamento de produtos deve representar um comportamento padrão de pensamento do gerente de produtos, deve tornar-se um hábito comportamental e, além disso, ser construído de forma a permitir que o gerente de produtos possa fazer comparações com planos anteriormente elaborados e/ou com planos diferentes.

Dica prática

Incorporar o planejamento de produtos à sua rotina diária, como um exercício mental para definir sempre qual o posicionamento ideal para o produto.

O gerente de produtos é responsável por garantir o sucesso contínuo de um produto, acompanhando-o ao longo do seu ciclo de vida, sendo responsável por garantir que os objetivos definidos sejam atingidos. Para que isso seja possível, o gerente de produtos deve ter claro o público-alvo a ser atingido e decidir quais os produtos/serviços serão trabalhados, elaborar a lista das características, vantagens e benefícios (CVB) dos produtos ou serviços, marca, embalagem e a imagem a ser criada para o posicionamento dos produtos/serviços no mercado. De forma sintética, podemos definir os componentes do planejamento de produtos da seguinte forma:

Quadro 2 – Componentes necessários ao planejamento de produtos

Item	Caracterização
Objetivos de mercado para o produto	Objetivos de vendas, de participação de mercado, de lucros.
Público-alvo do produto	Com características demográficas, psicográficas e expectativas.
Atributos e benefícios do produto	Tudo o que o diferencia dos produtos da concorrência e que representa valor para o cliente.
Patentes do produto	Mecanismos de proteção legal contra a concorrência.
Serviços agregados ao produto	Suporte pós-venda, assistência técnica, treinamento etc.
Marca do produto	Decisões de posicionamento da marca em relação ao público-alvo.
Posicionamento e imagem	A visão de como se deseja que o cliente perceba o produto no mercado.
Embalagem	Definições sobre diferenciação em relação a concorrência ou estabelecimento de diferenciais com ênfase no cliente.
Parcerias	Como estabelecer alianças ao longo do canal de distribuição, de forma a agregar valor ao produto/serviço, em termos de tecnologia, serviços agregados etc.

Fonte: Adaptado de Dias, 2003.

Se o gerente considerar todos os aspectos anteriormente relacionados, estará em condições de realizar um planejamento eficaz para seus produtos. No momento que tiver feito o exercício de levantar todas as informações relevantes necessárias, ele deverá elaborar uma proposta de orçamento para seu plano. A partir desse ponto, são três as alternativas possíveis (Kotler, 1998):

- planejamento com foco em vendas;
- planejamento com foco em custos;
- planejamento com foco em lucros.

Cada uma dessas alternativas apresenta características distintas, conforme veremos a seguir.

2.1.1 Planejamento com foco em vendas

Nesse tipo de planejamento, a direção geralmente determina à gerência de produto uma meta de vendas a ser atingida no ano seguinte. Isso é bastante comum para aquelas indústrias que demandam elevados investimentos de capital e que geram grandes volumes de produção. Geralmente são indústrias com processos de produção empurrados[4], elevados volumes com *mix* (variedade) restrito (quando não um único tipo de produto). São exemplos dessas indústrias as petroquímicas, siderúrgicas, químicas e outras.

[4] Processos produtivos empurrados são aqueles em que a produção se preocupa com a manutenção de estoques, mantidos como elementos reguladores das flutuações de demanda. Ou seja, produzidos antes e "empurrados" em direção ao mercado.

Nesses casos, a meta de vendas é reflexo do nível de vendas histórico e dos planos de expansão da organização para o período de tempo contemplado no planejamento, com o objetivo de manter a indústria operando sempre com capacidade produtiva plena.

Geralmente, nessas indústrias, pelo fato do *mix* de produtos ser pequeno, esse tipo de planejamento é facilitado e racionalizado. O gerente de produtos, para cumprir as metas de vendas, recebe um orçamento anual com o qual deverá atuar para executar o planejado.

Tal orçamento normalmente consiste em um percentual da receita de vendas e cabe ao gerente de produtos alocar tais recursos pelos vários segmentos do composto de *marketing*, como feiras industriais, congressos, pesquisas de *marketing*, embalagens, ações promocionais nos canais de distribuição, estímulos à força de vendas etc. (Kotler, 1998)

O que a organização espera do gerente de produtos, nesses casos, é que ele atinja as metas dentro das limitações orçamentárias estabelecidas.

Importante lembrarmos que, quanto maior o resultado obtido em vendas, maior será o orçamento disponível para a alocação de recursos no composto de *marketing*.

2.1.2 Planejamento com foco em custos

Para muitas organizações que comercializam produtos de consumo de massa (genéricos ou de conveniência), o mais comum é a gerência de produto propor um plano de vendas a partir de uma meta de lucros estabelecida pela administração superior.

Nesse caso, o gerente de produtos pode iniciar seu planejamento de duas formas: a) projetando as vendas do período seguinte, (geralmente anual) por extrapolação das vendas anteriores, e b) determinando o preço de venda para o período seguinte, uma vez que o preço afetará as vendas (Kotler, 1998).

No caso de adotar a primeira alternativa, o gerente de produtos deve considerar os acontecimentos no período em andamento, para que a extrapolação contemple as modificações em relação aos períodos anteriores.

Já no caso da opção pelo gerenciamento do preço de venda, o preço é determinado ao se considerar os aumentos nos custos de materiais, mão de obra e outros custos relevantes, com os devidos ajustes para se considerar os aumentos que se espera que ocorram sobre a produtividade. Assim, o aumento no preço é planejado em um montante igual ao aumento de custos projetado, visando manter a margem bruta constante. Caso o gerente considere ser impossível praticar o aumento de preços, este pode estudar a possibilidade de diminuir o conteúdo da embalagem ou o tamanho do produto (isso é muito comum com produtos em barras, como barras de cereais ou de chocolate), o que, na prática, equivale ao aumento de preços.

Uma vez determinada a margem bruta, é possível estimar as vendas com o novo preço. O produto determina a margem de contribuição para cobrir os custos fixos, de *marketing* e os lucros. Na continuação, o gerente de produtos estima os custos fixos que serão computados à sua operação para poder determinar o lucro líquido que obterá com as vendas projetadas. Assim, o seu planejamento será resultado do gerenciamento dos custos projetados e, consequentemente, o seu orçamento será uma função dos custos projetados deduzidos do lucro desejado (Kotler, 1998).

2.1.3 Planejamento com foco em lucros

Claro que os dois métodos precedentes não são os mais adequados sob o ponto de vista do *marketing*. Porém, eles são utilizados em situações que o gerente de produtos encontra no dia a dia organizacional. O melhor é que o gerente de produtos sempre utilize uma abordagem que leve em consideração as relações intrínsecas entre as vendas e o orçamento de *marketing*, que apresenta um número provável de unidades de produtos que o mercado poderá adquirir em determinado período, sob diferentes níveis e compostos de despesas de *marketing*.

O lucro é sempre uma função do preço e das despesas de *marketing* definidos pelo gerente de produtos. Pelo método de tentativa e erro, ele poderá encontrar o composto de *marketing* que maximize o lucro. Porém, através de modelagem matemática é possível determinar o preço ótimo para o lucro desejado, sem necessitar de métodos heurísticos (tentativa e erro).

Dica prática

Previsões de vendas com base em histórico de vendas passadas são sempre necessárias. Assim, procure manter sempre atualizada sua base de dados históricos, com anotações relativas a promoções realizadas ao longo do tempo, para mensurar seus impactos sobre as vendas.

Sempre que dispomos de dados históricos para a previsão de períodos futuros, a tarefa da gerência de produto é facilitada. Porém, outra situação específica para o gerente de produtos ocorre quando ele necessita planejar um produto novo, que está sendo pensado para ser colocado no mercado. Sobre isso discorreremos a seguir.

2.1.4 Planejamento de novos produtos

Embora possam existir variações em aspectos do planejamento de um novo produto, de empresa para empresa e de autor para autor, como em Kotler (1998), é possível visualizarmos três etapas distintas no processo de planejar um novo produto: a) criação de ideias para o novo produto; b) avaliação da ideia selecionada e c) desenvolvimento do novo produto.

- **Criação de ideias para o novo produto:** Nessa fase, o gerente de produtos mensura a extensão e a importância das necessidades e/ou desejos identificados no mercado (muitas vezes determinados através de pesquisa de mercado e de análise do comportamento do consumidor) e avalia se os produtos atuais da empresa satisfazem as necessidades/desejos dos compradores. O gerente de produtos estuda ainda a capacidade da empresa quanto ao conhecimento científico, à capacidade produtiva e às aptidões tecnológicas em termos de possíveis novos produtos a serem lançados a partir das ideias geradas nessa fase.

- **Avaliação da ideia selecionada:** Nessa fase, o gerente de produtos se concentra na investigação da situação da concorrência e dos recursos de que dispõe a empresa em face de cada ideia de novo produto desenvolvida na primeira fase. A pesquisa de mercado é decisiva durante essa fase, uma vez que o potencial do mercado e os métodos adotados pelos competidores podem revelar, entre outras coisas, o tipo e o porte da organização de *marketing* necessários. O gerente de produtos avalia ainda os recursos da organização (capacidade de produção, estrutura de serviços, canais de distribuição, aptidões técnicas, recursos humanos etc.). A fase se conclui com a seleção do produto a ser lançado (da ideia escolhida).
- **Desenvolvimento do novo produto:** Essa fase se volta para o desenvolvimento real do novo produto. Desencadeia-se o processo de criação efetiva do produto escolhido, o que inclui, entre outras coisas, um planejamento global de *marketing*, no qual se define o perfil do mercado, do cliente, o desenho do canal de distribuição, entre outras atividades próprias do planejamento de *marketing*.

Dica prática

A análise constante do mercado, atenta aos pensamentos dos clientes, é fundamental para identificar desejos e necessidades não satisfeitos para, então, desenvolvermos produtos ou serviços que os satisfaçam.

2.2 Considerações sobre a estratégia de produtos

O planejamento de produtos, conforme vimos, deve fazer parte da estratégia da organização e deve ser competitivo. Porém, segundo Lehmann e Winer (1997), uma estratégia de produtos somente cria vantagem competitiva para uma organização se atender a pelo menos uma das condições a seguir:

- se o concorrente não conseguir adotar a mesma estratégia, seja pelo fato de o produto estar protegido por alguma patente, seja por não apresentar competências necessárias para tanto, como – capacidade produtiva, capacidade de distribuição, tecnologia de produção, ou devido a outro fator qualquer;
- se o concorrente não puder adotar a mesma estratégia, por ficar em desvantagem, seja por não ter estrutura, recursos para investimento, porte, capacitação adequada, seja porque será o seguidor e não o líder de mercado;
- se o concorrente preferir não adotar a mesma estratégia por perceber que não conseguirá vantagem competitiva ou pelos resultados previstos demonstrarem não ser atraentes em termos de receitas ou de lucratividade;
- se, ao concorrente adotar a mesma estratégia, reforçar a posição da empresa pioneira, por expor a estratégia adotada por esta, de forma que o concorrente acaba beneficiando a empresa pioneira se adotar a mesma estratégia.

Ou seja, o ideal é escolhermos uma estratégia que seja difícil de ser copiada pela concorrência. Assim, podemos afirmar que as decisões que formam a estratégia de produtos integram o chamado *composto de produtos*, que é o **conjunto de decisões estratégicas relacionadas com as linhas de produtos de uma organização.** Para Kotler (1998), as decisões de composto de produtos apresentam quatro dimensões: amplitude, extensão, profundidade e consistência.

A **amplitude** é o número de linhas de produtos de uma organização. Por exemplo: a Cooperativa Cocamar apresenta três linhas de produtos – Purity, Cocamar e Suavit.

A **extensão** é o número de itens do produto que compõe cada linha de produtos da organização. No caso da Cocamar, a composição de suas linhas de produtos é estabelecida da seguinte forma:

- **Linha Purity:** Bebidas à base de soja (24 itens), bebidas à base de néctar (23 itens), maionese e molhos (3 itens) e óleo de soja (01 item).
- **Linha Cocamar:** Café (5 itens), óleo de soja (1 item) e álcool (1 item).
- **Linha Suavit:** Óleos especiais (5 itens).

Portanto, a extensão das linhas de produtos da Cocamar é de 63 itens.

A **profundidade** é entendida como o número de versões nas quais o produto é comercializado. No caso da Cocamar, os 63 produtos resultam em 14 apresentações diferentes.

A **consistência** se relaciona com o nível de similaridade existente entre as linhas de produtos e os próprios produtos no que diz respeito à matéria-prima, ao processo de produção, aos canais de distribuição estabelecidos, padrão, qualidade e à imagem de marca. No caso específico da Cocamar, existe uma boa consistência entre as linhas de produtos, haja visto que boa parte dos mesmos é derivada do principal produto comercializado pela cooperativa: a soja.

Tudo o que dissemos anteriormente pode ser resumido da seguinte forma:

Quadro 3 – Dimensões de decisão de compostos de produtos (Cocamar)

Amplitude	Extensão	Profundidade	Consistência
Linha Purity	Bebidas à base de soja (24 itens)	• Embalagens de 1 L: 15 produtos; • embalagens de 1 L, versão *light*: 5 produtos; • embalagens de 200 ml: 4 produtos.	Apresenta boa consistência, pois as matérias-primas são comuns à maioria dos produtos.
	Bebidas à base de néctar (23 itens)	• Embalagens de 1 L: 9 produtos; • embalagens de 1 L, versão *light*: 4 produtos; • embalagens de 200 ml: 5 produtos; • embalagens em latas de 335 ml: 5 produtos.	A marca é única para todos os produtos da linha (Purity).
	Maionese e molhos (3 itens)	• Maionese em embalagem de vidro de 500 e de 250 g; • maionese em embalagem plástica de 500 e 200 g; • catchup bisnaga de 200 g; • mostarda bisnaga de 190 g;	
	Óleo de soja (1 item)	• 1item em embalagem de 900 ml.	
Linha Cocamar	Café (5 itens)	• Café Maringá: embalagem de 500 g; • Café Cocamar Cappuccino: embalagem em lata de 200 g; • Café Cocamar Gourmet: embalagem de 250 g; • Café Cocamar: embalagem a vácuo 500 g; • Café Cocamar Extra forte: embalagem a vácuo 500 g.	Apresenta boa consistência, pois as matérias-primas são comuns à maioria dos produtos. Existem apenas duas marcas para todos os produtos da linha (Maringá e Cocamar).
	Óleo de soja (1 item) Álcool (1 item)	• Embalagem pet 900 ml. • Álcool etílico 46°: embalagem de 1 L.	

(continua)

(Quadro 3 – conclusão)

Amplitude	Extensão	Profundidade	Consistência
Linha Suavit	Óleos especiais (5 itens)	• Óleo de milho: embalagem pet 900 ml; • óleo de girassol: embalagem pet 900 ml; • óleo de canola: embalagem pet 900 ml; • óleo composto de soja e oliva: embalagem de 200 ml; • óleo composto de soja e oliva: embalagem de 500 ml.	Apresenta boa consistência, pois a fonte de matéria-prima é comum a todos os produtos da linha. Conta com marca única para todos os itens da linha (Suavit).

Fonte: Baseado em Cocamar, 2009.

Dica prática

Escolha uma estratégia que seja difícil de ser adotada pelos concorrentes. Isso lhe conferirá vantagens durante certo tempo para conquistar ampliação da participação dos seus produtos no mercado.

Como vimos, o planejamento de produto é uma das mais importantes atividades do gerente de produtos, exigindo dele profundo conhecimento dos seus produtos, de sua organização e do mercado em que atua.

2.3 Ciclo de vida do produto

O que é um ciclo de vida? Devemos considerar que todo ciclo tem um começo, um meio e um fim. Assim, quando se fala em ciclo de vida de um produto, devemos nos perguntar qual é o início de sua vida, como ele se desenvolve ao longo do tempo e de que forma sua vida chega ao fim.

Quando falamos em ciclo de vida, devemos considerar que os produtos possuem determinado tempo de duração no mercado, ou um determinado tempo durante o qual vão sobreviver nele, tempo que denominamos de *ciclo de vida do produto*. O ciclo de vida inicia no momento em que uma ideia é concebida, passando pelo seu desenvolvimento, que resulta em sua transformação concreta em um produto lançado no mercado. A vida do produto realmente tem início com seu lançamento no mercado, dando seguimento a um período em que este evolui, atingindo posteriormente a maturidade e, finalmente, o declínio e sua consequente “morte”.

Varia muito o percurso do produto ao longo do seu ciclo de vida. Em alguns casos, ele se torna uma “febre” e usufrui de um curto ciclo de vida (ex.: iô-iô). Em outros casos, o ciclo de vida pode durar décadas (torneiras, por exemplo). No meio termo se encontra a maioria dos produtos, com seu ciclo de vida durando poucos meses (roupas de moda) a alguns anos (eletrodomésticos). Todos os produtos se acham em algum estágio de seu ciclo de vida em um determinado momento.

Dica prática

Para construir o ciclo de vida do seu produto, o gerente de produtos deve desenhar o gráfico das vendas do produto ao longo do tempo, plotando em um gráfico as vendas ocorridas mês a mês, de forma que, ao longo do tempo, ele poderá construir o gráfico do ciclo de vida de cada um dos produtos que estão sob sua responsabilidade.

A figura a seguir nos mostra o ciclo de vida genérico de um produto. Nela, podemos perceber que o ciclo de vida de um produto é medido pelo seu volume de vendas no mercado ao longo do tempo.

As curvas do ciclo de vida tanto podem ser determinadas para produtos isoladamente quanto para categorias de produtos. Também é importante destacarmos que muito raramente a curva do ciclo de vida de um produto individual se assemelha à curva do ciclo de vida de todos os produtos do ramo de atividades. Isso acontece porque, a partir do estágio de lançamento (no caso de pioneirismo), o ciclo do ramo de atividades se transforma na combinação das experiências de cada organização em particular.

Figura 3 – Ciclo de vida de um produto industrial

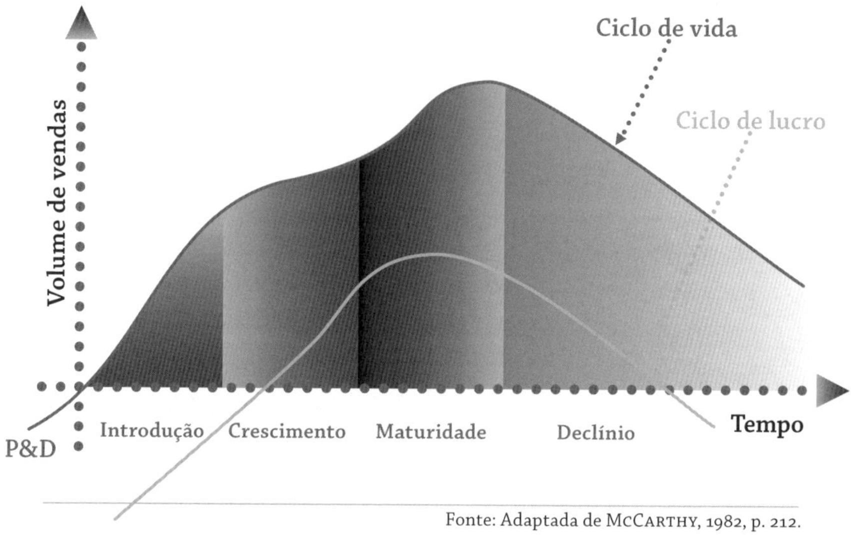

Fonte: Adaptada de McCarthy, 1982, p. 212.

A figura nos permite visualizar a curva do ciclo de vida de um produto industrial. O gráfico nos apresenta duas curvas importantes: a curva do ciclo de vida propriamente dito (que é o total de vendas daquele produto no mercado, ao longo do tempo) e, ainda, a curva do total de lucro no mercado (importante observar que ela começa a diminuir mesmo quando as vendas ainda estão aumentando).

O ciclo de vida de um produto é delineado ao longo do tempo (em função de seu volume de vendas) e varia muito conforme o tipo do produto. Existem casos em que o produto vira uma "mania" entre os consumidores e, por isso, apresenta um ciclo de vida muito curto (produtos lançados em comemoração a algum evento, como mascotes de eventos esportivos – Olimpíadas, Copa do Mundo de Futebol etc.); em outros casos, o ciclo de vida pode durar décadas (chuveiros, Pomada Minâncora® etc.). No meio termo se encontra a imensa maioria dos produtos, com seu ciclo de vida durando desde poucos meses (roupas de estação), até alguns anos (eletroeletrônicos).

Todos os produtos se encontram ao longo do seu ciclo de vida em um determinado momento. Além disso, as curvas do ciclo de vida também podem ser definidas para produtos individuais – organização a organização. Além disso, a ação administrativa pode (e é isso que o gerente de produtos deve buscar) fazer com que o ciclo de vida de determinado produto de uma organização venha a variar em relação à organização típica do seu ramo de atividades.

Exemplificando, podemos dizer que uma organização pode decidir abandonar um produto a qualquer momento, colocando fim ao seu ciclo de vida, pelo menos para aquela organização específica.

Dica prática

Para acompanhar o ciclo de vida do produto precisamos acompanhar as suas vendas mês a mês e, com isso, "desenhar" o comportamento deste no mercado, marcando-se em um gráfico de ordenadas cartesianas as vendas obtidas em cada período, de forma a se obter a curva do ciclo de vida.

O conceito de ciclo de vida do produto é um fator essencial à gerência de produto, que deve buscar uma gestão lucrativa e bem-sucedida do produto, desde seu lançamento até seu declínio e, finalmente, desaparecimento do mercado. Para compreendermos melhor o ciclo de vida, podemos apresentar cada uma das fases (ou estágios) do ciclo de vida, que podem ser assim descritos, segundo Sandhusen (1998, p. 319-320):

- **Fase de pesquisa e desenvolvimento:** Essa fase compreende a identificação de necessidades e desejos não satisfeitos no mercado (podemos dizer que essa é a "essência" do *marketing*), através de pesquisa do mercado, e o consequente desenvolvimento do produto na área de engenharia. É nessa fase que se estabelecem as características do produto e se buscam os fornecedores que participaram do seu projeto de desenvolvimento. Trata-se de uma fase na qual o planejamento das etapas seguintes é fundamental para o gerente de produtos. Por isso, trataremos no próximo capítulo desse tema de forma mais aprofundada.

- **Introdução no mercado:** É a etapa na qual ocorre o lançamento do produto no mercado, exigindo promoção maciça (esforço de comunicação de *marketing*), desenho (conquista) do canal de distribuição inicial, visando garantir a disponibilização do produto no maior número de pontos de venda possível. Cabe ao gerente de produtos, nessa fase, a identificação e eliminação dos eventuais pontos fracos do produto.
- **Crescimento do mercado:** Na fase de crescimento, a competição surge e aumenta consideravelmente. Destacam-se, então, como importantes elementos para o sucesso do produto a qualidade do processo de produção, a eficiência da comunicação e do canal de *marketing* (distribuição). É nesse estágio que os concorrentes investem de forma seletiva na propaganda em prol da demanda, cada qual destacando as vantagens e benefícios da sua própria marca. Na etapa final dessa fase (estágio), a luta pelos clientes se torna tão agressiva que, caso os clientes não encontrem sua marca preferida no local e no momento em que o desejarem, poderão ser facilmente persuadidos a aceitarem produtos substitutos (leiam-se *concorrentes*).
- **Maturidade no mercado:** Nesse estágio (fase), a competição (extremamente agressiva e acirrada) força os lucros mais para baixo, os preços diminuem e os gastos com *marketing* aumentam significativamente. As vendas continuam a aumentar durante algum tempo, porém com uma taxa de crescimento menor (mais lenta) à medida que se atinge a saturação do mercado. É nessa fase que a oferta supera a demanda pela primeira vez, obrigando a gerência de produtos a estimular a demanda com esforços de promoção de *marketing*, enfatizando as mais sutis diferenças entre as diferentes marcas existentes no mercado. As vendas do ramo (total de vendas no mercado) tendem a se estabilizar, solidificando a estrutura de competição existente.
- **Declínio no mercado:** O estágio de declínio é caracterizado pela substituição lenta e gradual do produto por outro produto inovador recém-lançado ou pela mudança no comportamento de

compra do consumidor. As vendas caem e diminui o número de concorrentes no mercado (como as margens de lucro diminuem – quando não se tornam inexistentes – os concorrentes começam a sair). Nesse quadro, os dirigentes das organizações mudam seu foco de atenção para outros produtos (que se encontram em outros estágios do ciclo de vida), abandonando o produto em declínio à medida que suas perspectivas vão se tornando desanimadoras (entenda-se *queda de margens*).

Outra situação que pode ocorrer com o produto é que o gerente de produtos, ao perceber o início daquele, toma providências para prolongar seu ciclo de vida, conforme veremos a seguir.

2.3.1 Prolongamento do ciclo de vida do produto

Atualmente, é cada vez mais comum as indústrias enfatizarem inovações dos produtos. Isso é decorrência do extremo dinamismo existente nos mercados atuais.

O que era um produto com vendas crescentes e lucrativas até bem pouco tempo atrás pode deixar de ser hoje ou amanhã. Assim, o gerente de produtos deve buscar inovar permanentemente seus produtos para garantir-lhes a necessária competitividade.

Portanto, uma das possibilidades para reverter o declínio do ciclo de vida de um produto é através de inovações bem-sucedidas que permitam ao gerente de produtos prolongar o ciclo de vida do produto por mais tempo. Ocorre que novos produtos apresentam margens de lucro significativamente maiores que aqueles que se encontram na fase de maturidade ou de declínio. Tal fenômeno é decorrência da necessidade que os concorrentes têm de apresentar suas próprias versões do produto, lançá-lo no mercado e, ainda, competir em preço com quem "saiu na frente" (lançou o produto por primeiro).

A estratégia de prolongamento do ciclo de vida de um produto pode ser percebida na figura a seguir.

Figura 4 – Prolongamento do ciclo de vida de um produto industrial

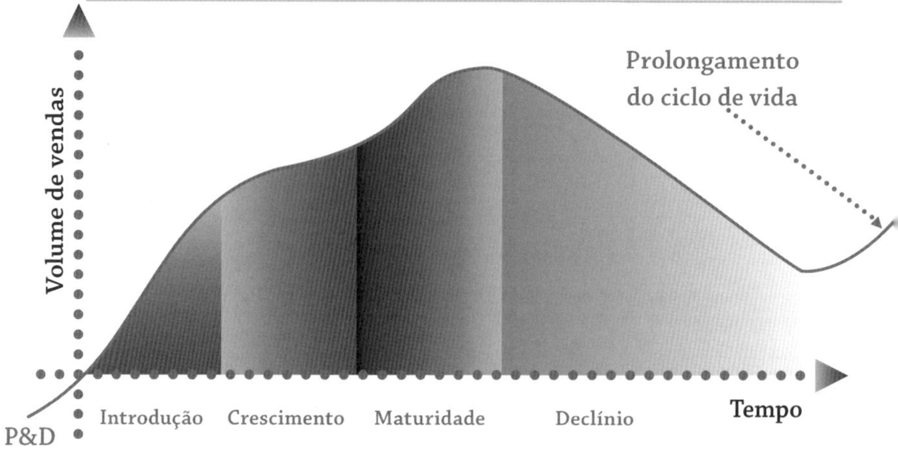

Fonte: Adaptada de McCarthy, 1982, p. 217.

Atualmente, as inovações e os aprimoramentos contínuos dos produtos são praticamente inevitáveis às organizações, sob pena de vê-los desaparecer do mercado. Ou seja, as inovações são uma tentativa, na maioria dos casos, de modificar o ciclo de vida do produto, como forma de alterar o perfil da curva do ciclo de vida (conforme se percebe na figura), garantindo, assim, maior lucratividade com um mesmo produto.

Dica prática

O gerente de produtos deve sempre estar pensando em mudanças no produto (inovações) que permitam adotar a estratégia de prolongamento do ciclo de vida deste. Para tanto, o melhor a fazer é sempre ouvir o cliente.

2.4 Objetivos e diretrizes do produto

Como vimos no início do capítulo, o planejamento de produto deve sempre derivar do planejamento de *marketing* da organização, que, por sua vez, deriva do planejamento da organização como um todo. Portanto, é nesse contexto que devemos definir os objetivos e as diretrizes do produto.

São os objetivos do produto que dão rumo e principalmente sentido às inovações que nele se introduzam, resumindo as características que os produtos devem apresentar, de tal forma que mantenham a empresa bem posicionada no seu ramo industrial.

Não podemos esquecer que uma organização ruma ao alcance de seus objetivos mais amplos (gerais) à medida que esta obtém aceitação de seus produtos no mercado. Assim, os objetivos do produto devem aplicar-se a todos os produtos da organização, independentemente do fato de serem produtos novos ou velhos ou do estágio do ciclo de vida em que se encontram.

Na perspectiva do *marketing*, os objetivos de produto de uma organização devem ser focados nos consumidores (foco no cliente), visando à satisfação de suas necessidades e/ou desejos. Um objetivo do produto pode ser estabelecido da seguinte forma: "Devemos desenvolver, fabricar e lançar no mercado um produto que satisfaça às necessidades de iluminação de estabelecimentos industriais, comerciais, de serviços, residenciais ou outros, independentemente do seu porte".

Como podemos perceber, um objetivo assim estabelecido não se limita a um único produto, e sim a determinados tipos de consumidores, que apresentam determinadas necessidades. Dessa forma, a organização poderá estar permanentemente atenta às mudanças das necessidades/desejos dos seus clientes e, com isso, desenvolver soluções de iluminação (e não simplesmente lâmpadas...).

Em síntese, podemos afirmar que os objetivos de produto devem:

- derivar dos objetivos gerais da organização;
- "afinarem-se" com os objetivos de *marketing*;
- estabelecer significado às inovações contidas no produto;
- resumir as características que mantenham a organização bem posicionada no mercado;
- aplicarem-se a todos os produtos da organização (novos ou velhos), independentemente do seu estágio no ciclo de vida.

Assim, quando os objetivos da organização são alterados, necessariamente os objetivos de produto também devem ser revistos para que estes acompanhem a estratégia da organização.

Outro aspecto importante é a definição das diretrizes para o produto. Uma diretriz deve ser entendida como uma regra geral, estabelecida pela administração da organização, que deriva dos objetivos do produto e, portanto, deve ser completamente compatível com esses objetivos.

As diretrizes, como regras gerais, devem servir para "ensinar" como os objetivos são atingidos. Ou seja, as diretrizes são como bússolas que orientam a ação do gerente de produtos, estabelecendo o "norte" a ser seguido.

Além disso, podem existir normas e regras externas à organização, que devem ser respeitadas no desenvolvimento de produtos. Essas normas podem ser padrões industriais (como as normas ISO/ABNT) ou guias de boas práticas de fabricação (ver exemplo no "para saber mais"). O texto a seguir apresenta um exemplo de diretrizes externas à organização que devem ser seguidas pelas organizações que desejam comercializar seus produtos no âmbito da União Europeia.

[5] Marcação CE é uma marca que demonstra que o produto ao qual ela está afixada está em conformidade com as diretrizes de segurança de produto da União Europeia.

Marcação CE[5] Diretrizes da União Europeia para segurança de produtos

A marcação CE é uma marca que indica que o produto no qual ela está afixada está em conformidade com as diretrizes de segurança de produto da UE. Num primeiro momento, estas diretrizes se aplicam a todos os produtos fabricados para utilização dentro da Associação Europeia de Livre Comércio (AELC). Isto inclui tanto produtos em fabricação quanto importados. Mesmo produtos usados sendo importados estão sujeitos às exigências da marcação CE. A SGS[6] pode auxiliar tanto fabricantes na Europa e ao redor do mundo quanto importadores a avaliar seus produtos e declarar que os mesmos estão de acordo com as exigências europeias.

Para um produto que está de acordo com as exigências de todas as diretrizes aplicáveis, o fabricante ou importador redige e assina uma declaração de conformidade da UE. Em seguida, a marcação CE deve ser colocada no produto e/ou embalagem.

Fonte: In Brazil, 2009.

[6] A SGS é uma empresa que presta serviços de inspeções, testes, verificações e certificações internacionais.

Além disso, as diretrizes devem apresentar-se de forma simples e prática para que não se desvirtuam os objetivos estabelecidos. Assim, as diretrizes devem estar sob a forma de uma série de definições curtas ou de questões enumeradas sob a forma de uma lista de checagem (*checklist*), permitindo ao gerente de produtos verificar, rápida e facilmente, se as diretrizes estão sendo respeitadas.

Dica prática

Ao fazer o planejamento do produto, é necessário estabelecermos de forma clara e inequívoca objetivos e diretrizes para o produto.

Síntese

Neste capítulo, vimos que o planejamento de produto está inserido no planejamento de *marketing*, que, por sua vez, deriva dos planos estratégicos da organização. O objetivo final do planejamento de produto deve ser a conquista de maior *share* pela satisfação das necessidades e/ou desejos dos clientes. Caso o planejamento não considere tal objetivo, ele será falho e consequentemente comprometerá a competitividade organizacional.

Vimos que o planejamento de produto deve iniciar-se com base na análise profunda do mercado e dos produtos da organização, do comportamento do cliente e de outros aspectos chaves.

Outra atividade importante do gerente de produtos é o planejamento de novos produtos. Nesses casos, existem três etapas a serem seguidas: a primeira é a criação de ideias para o produto novo, criação decorrente do conhecimento das necessidades e/ou desejos dos clientes. A segunda etapa implica avaliar a ideia selecionada sob diferentes perspectivas, identificando-se os recursos disponíveis na organização, a atuação dos concorrentes no mercado e o provável comportamento dos clientes quando do lançamento do produto. A terceira etapa é a fase do desenvolvimento do produto propriamente dito, na qual são contemplados todos os aspectos considerados nas etapas anteriores, visando garantir o sucesso do produto no mercado.

Na sequência, apresentamos algumas considerações importantes sobre a estratégia de produtos, na qual o composto de produtos vai determinar a atuação da organização no mercado, sob uma perspectiva estratégica. Aprendemos que as decisões de composto de produtos sempre possuem quatro dimensões importantes: amplitude, extensão, profundidade e consistência da linha de produtos. Isso significa que é necessário considerar como se realizará o "desenho" da linha de produtos da organização, de tal forma que se ofereça ao mercado produtos que satisfaçam necessidades e/ou desejos dos clientes, de forma racional e econômica para a organização.

Analisamos o ciclo de vida dos produtos, observando que um produto, ao longo de sua existência, passa por estágios (ou fases) diferentes, que exigem ações específicas por parte do gerente de produtos. Vimos que o produto exige pesquisa e planejamento; depois, é introduzido no mercado, passando por um estágio de crescimento antes de atingir a maturidade; e, finalmente, quando o mercado está saturado, ou quando o produto se tornou obsoleto, ele entra na fase de declínio.

Finalmente, estudamos a necessidade e a importância de estabelecermos objetivos e diretrizes para os produtos individualmente e para o conjunto de produtos da organização, visando estabelecer claramente qual o rumo que cada produto deve seguir para obter sucesso no mercado.

Questões para revisão

1» O que é necessário para o planejamento de *marketing* em termos de análise do mercado?

2» Quais os principais componentes a serem considerados no planejamento de produto?

3» Quais as alternativas possíveis para o gerente de produtos na fase do planejamento de produto?

4» O que é o composto de produtos?

5» Quantas, e quais são, as dimensões que integram as decisões de composto de produtos?

Questões para reflexão

1» O que você definiria como um "hábito comportamental"?

2» Dos três métodos de planejamento de produtos (foco em vendas, foco em custos ou foco em lucros), qual você considera mais adequado?

3» Você seria capaz de identificar as quatro dimensões do composto de produtos para um produto que você consome rotineiramente? Exemplifique isso, consultando o *site* da empresa se desejar.

Para saber mais

IBD CERTIFICAÇÕES. **Diretrizes para o padrão de qualidade orgânico IBD**. 17. ed. jul. 2009. Disponível em: <http://www.ibd.com.br/Downloads/DirLeg/Diretrizes/Diretriz_IBD_Organico_17aEdicao.pdf>. Acesso em: 5 ago. 2009.

Trata-se de documento que contém diretrizes para padrão de qualidade orgânico (produtos considerados como orgânicos), elaborado pela IBD, empresa que desenvolve atividades de inspeção e certificação agropecuária, de processamento e de produtos extrativistas, orgânicos e biodinâmicos.

CONSELHO NACIONAL DE SAÚDE. **Diretrizes para uma política de medicamentos genéricos**. Brasília, 14 abr. 1998. Disponível em: <http://www.datasus.gov.br/conselho/DOCUMENTOS/gen2.htm>. Acesso em: 5 ago. 2009.

Proposta de uma diretriz relativa à promoção do uso racional de medicamentos (genéricos) no Brasil.

3 Desenvolvimento do produto

Conteúdos do capítulo:

- modelo de processo de desenvolvimento de produtos;
- elaboração de produtos para o mercado;
- confecção de protótipos de produtos;
- lançamento de novos produtos no mercado;
- monitoramento de resultados dos produtos no mercado;
- introdução à produção em série.

Após o estudo deste capítulo você será capaz de:

- descrever os componentes do desenvolvimento de produtos;
- demonstrar conhecer o planejamento que envolve a elaboração de produtos;
- definir protótipos para produtos;
- concluir protótipos de produtos;
- estruturar protótipos de produtos;
- estabelecer processos produtivos em série;
- compreender processos produtivos em série.

No processo de desenvolvimento de novos produtos, um dos componentes mais importantes da estratégia de *marketing* de uma empresa de sucesso se devem ser seguidas algumas etapas, que podem ser assim resumidas: geração e triagem de novas ideias, desenvolvimento e teste do conceito de produto, desenvolvimento e teste de protótipo, desenvolvimento das estratégias e programas de *marketing*, desenvolvimento final do produto, teste de mercado, lançamento no mercado e monitoramento dos resultados.

A partir do momento que a organização identifica uma necessidade ou desejo não satisfeito no mercado, ela deve buscar desenvolver um produto para satisfazer essa necessidade ou desejo. Assim damos início – as ideias que parecerem sólidas sob uma perspectiva organizacional deverão ser encaminhadas ao departamento de Pesquisa e Desenvolvimento (P&D), onde serão aprimoradas sob a perspectiva clara de negócios, de forma que, ao final, tenham-se os novos produtos que permitirão à organização manter-se competitiva no mercado. Para fazer isso acontecer, é necessária a união de diferentes profissionais que se envolvam com o processo de desenvolvimento de produto, conforme se percebe na figura a seguir.

Figura 5 – Funções profissionais em integração no cenário do desenvolvimento integrado de produto

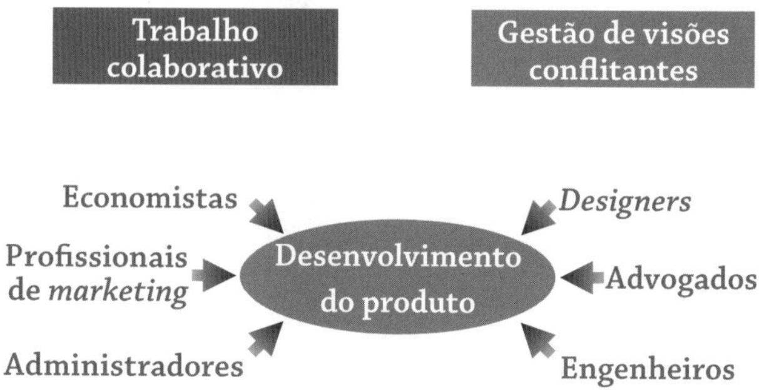

Fonte: Suh, 1990.

Como a figura nos permite perceber, o desenvolvimento de produto é um trabalho colaborativo, envolvendo a participação de diferentes profissionais. Assim, cabe ao gerente de produtos realizar o gerenciamento dos conflitos resultantes das diferentes visões das pessoas envolvidas no processo, para garantir que o desenvolvimento do produto aconteça da melhor forma possível à organização.

Um modelo para o processo de desenvolvimento de novos produtos foi proposto por Bell (1979), conforme a figura a seguir.

Figura 6 – Modelo de processo de desenvolvimento de um novo produto

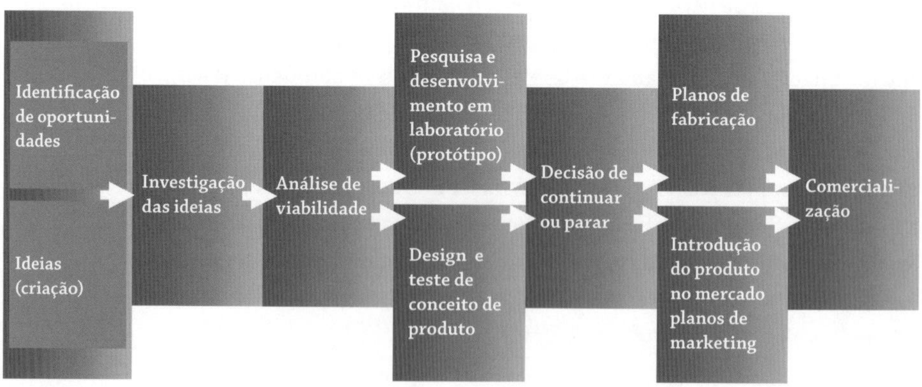

Fonte: Bell, 1979, p. 224.

Podemos perceber na figura anterior que o processo deve iniciar-se com a análise do ambiente para a identificação de oportunidades. Isso significa que o gerente de produtos deve estar sempre atento ao mercado, ouvindo os clientes para identificar essas oportunidades. É sempre a partir da identificação de oportunidades que se criam as ideias para novos produtos.

A segunda etapa implica a investigação dessas ideias para analisar com maior profundidade a validade de cada uma delas. Na continuação, o gerente de produtos efetua a análise de viabilidade e, sendo este viável, a ideia passa para a etapa de elaboração do produto propriamente dito, conforme veremos neste capítulo.

Na continuação, veremos as diferentes etapas a serem seguidas pela organização para o desenvolvimento de produtos, deixando claro que se trata de uma abordagem genérica, que poderá variar conforme o tipo de produto que viermos a considerar. De forma geral, a abordagem adotada se aplica para os produtos de consumo (duráveis ou não duráveis). No entanto, com pequenas adaptações, essa abordagem é aplicável a qualquer tipo de produto.

3.1 Elaboração do produto

Quando nos deparamos com um produto novo no mercado, não somos capazes de dimensionar corretamente todo o esforço que foi aplicado antes que o mesmo estivesse disponível no ponto de venda, ao nosso alcance. Não conseguimos sequer imaginar todo o esforço de diferentes áreas da organização que são envolvidas no processo de elaboração de um produto antes que ele tenha sua forma final e esteja à nossa disposição. Assim, vamos buscar compreender como um produto é elaborado e, finalmente, introduzido no mercado para satisfazer às nossas necessi-dades ou desejos.

A elaboração do produto tem início com a geração e a triagem de novas ideias, seguindo-se do desenvolvimento e do teste do conceito. Cada uma dessas etapas é essencial para que o produto consiga chegar até o mercado, uma vez que das dezenas de ideias de novos produtos que surgem, somente algo em torno de uma dúzia efetivamente se transforma em projeto e, dessa dúzia, uma média de cinco ideias são eliminadas na fase de análise econômico-financeira, quatro são descartadas na fase de desenvolvimento de produto e, com isso, somente três vão passar pelo teste de mercado e, finalmente, somente um único produto acaba sendo lançado com sucesso (Kotler, 1998).

Vejamos detalhadamente, a seguir, cada uma das fases iniciais da elaboração de um produto, segundo a visão proposta por Kotler (1998).

3.1.1 Geração e triagem de novas ideias

Essa fase, geralmente, é exclusividade daquelas organizações que são líderes em seus mercados de atuação, empresas tidas como inovadoras, que estão permanentemente buscando novas ideias de produtos. Isso pode ser percebido em algumas organizações pela forma como estas se posicionam. O texto a seguir ilustra esse aspecto.

Quem somos?

Uma companhia de tecnologia global e diversificada

A 3M é fundamentalmente uma companhia de base científica. Produzimos milhares de produtos imaginativos e somos líderes em inúmeros mercados de atuação – de cuidados com a saúde e segurança no tráfego a produtos para escritório, abrasivos e adesivos. O sucesso da companhia começa com a habilidade de aplicar nossas tecnologias – frequentemente por meio de combinações – em uma variedade infinita de necessidades dos nossos clientes. Obviamente, tudo isso é possível devido às pessoas da 3M e ao seu compromisso único de tornar a vida das pessoas mais fácil e melhor no mundo todo.

Fonte: 3M do Brasil ltda., 2009.

Como o texto permite observar, uma organização com uma política de inovação constante, na qual o envolvimento das pessoas é fundamental para o sucesso ("[...] tudo isso é possível devido às pessoas da 3M [...]" – 3M do Brasil ltda., 2009). Ou seja, nessa fase, uma das maneiras de obtenção de novas ideias é o estímulo à participação dos funcionários, premiando-os quando novos produtos ou serviços são lançados a partir das ideias destes.

Outra fonte para novas ideias é a área de tecnologia e de pesquisa e desenvolvimento da própria organização, que deve ter essa como uma de suas principais atribuições. A pesquisa de *marketing* também deve ser utilizada com a finalidade de geração de ideias, uma vez que permite obter informações diretamente dos clientes da organização sobre suas necessidades e/ou desejos não satisfeitos.

Dica prática

Uma técnica para a geração de ideias é o *brainstorm* (tempestade cerebral), em que se busca gerar ideias a serem testadas depois.

A geração de ideias deve passar por algum tipo de triagem (filtro) que busque eliminar ideias com baixo potencial. Isso deve ocorrer em função do elevado custo de se obter um produto com sucesso efetivo no mercado, conforme se percebe no quadro a seguir.

Quadro 4 – Custo evolutivo de ideias para novos produtos

Estágio	Ideias	Índice de sucesso	Custo/Ideia	Custo total
Seleção de ideia	64	1:4	$ 1.000	$ 64.000
Teste de conceito	16	1:2	$ 20.000	$ 320.000
Desenvolvimento do produto	8	1:2	$ 200.000	$ 1.600.000
Teste de mercado	4	1:2	$ 500.000	$ 2.000.000
Lançamento nacional	2	1:2	$ 5.000.000	$ 10.000.000

Fonte: Universia, 2009.

Para se eliminar aquelas ideias que não sejam práticas, viáveis e passíveis de comercialização, o gerente de produtos deve estabelecer critérios para "filtrar" as ideias que passarão às fases seguintes, tais como:

- tempo para introdução do produto no mercado (*time to market*);
- potencial de mercado estimado;
- taxa de crescimento do mercado;

- taxa de retorno sobre as vendas;
- taxa de retorno sobre o investimento (ROI);
- possibilidade de alcançar liderança de mercado (mensurável a partir da fatia de mercado alcançada – *share*).

Como podemos observar, são critérios objetivos, que podem ser mensurados. Assim, a organização pode estabelecer que somente aprova ideias de produtos que podem ser introduzidos no mercado em no máximo 3 anos, com um potencial de mercado de 50 milhões em vendas, com crescimento de 10% ao ano, com margens de retorno de 40% e uma taxa de retorno sobre o investimento de 20% e com elevada probabilidade de alcançar liderança de mercado (50% de chance).

Uma vez obtidas as ideias válidas (submetidas a algum teste de validade), que tenham algum sentido econômico-financeiro racional, deve-se passar à próxima fase, que implica aprimorar as ideias geradas e formular um conceito do produto. Analisaremos essa etapa a seguir.

3.1.2 Desenvolvimento e teste do conceito

Essa fase implica, após selecionarmos a ideia básica de um novo produto, o exercício de formulação de um conceito para o produto e de teste desse conceito juntamente a uma amostra do potencial público consumidor.

O conceito do produto pode ser entendido como a **definição das características, vantagens e benefícios (CVB) que o produto pretende oferecer aos seus clientes**. Isso pode ser feito sob a forma de um texto impresso, preferencialmente com uma imagem ilustrada de sua forma, suas dimensões e suas principais características. O objetivo do conceito do produto é permitir avaliar a aceitação ou a rejeição do público-alvo em relação à ideia do novo produto.

Tendo um conceito pronto para o produto, é necessário realizar o teste do conceito. Para Churchill e Peter (2000, p. 268) o "teste do conceito do produto é uma avaliação da representação do produto por uma amostra representativa do público-alvo pensado para o produto". Ou seja, o teste do conceito pretende realizar a avaliação da representação do produto por uma amostra representativa dos potenciais clientes do mercado-alvo.

Quadro 5 – Aspectos de avaliação × Informações a serem obtidas no teste de conceito

Aspecto de avaliação	Informações obtidas
Probabilidade e frequência de compra	• previsão de volume de vendas; • decisão sobre abortar ou não o produto.
Percepção e importância dada aos atributos do produto	• informações para melhor posicionamento do produto no mercado.
Percepção da qualidade de diferentes marcas de produto	• orientações para campanhas de lançamento do produto.
Potencial de cada conceito apresentado	• benefícios estratégicos; • melhor nome para o produto.
Perfil dos participantes do teste	• orientações para campanhas de lançamento do produto.

O quadro anterior permite observar que o teste de conceito busca obter informações que mensurem a intenção de compra; estabeleçam um diagnóstico global e de atributos especiais do produto, além de variáveis do perfil dos participantes do teste.

Uma vez que tenhamos claro o conceito de produto e quais os aspectos de avaliação a serem considerados, é necessário definirmos mais alguns pontos antes de se iniciar o teste efetivamente. Esses aspectos podem ser assim resumidos:

- número de pessoas a serem entrevistadas (tamanho da amostra);
- perfil das pessoas que comporão a amostra (aspectos étnicos, psicográficos, demográficos etc.);
- quem será entrevistado (Quem decide a compra? Quem usa o produto?);
- como as entrevistas serão conduzidas.

Após o teste do conceito, inicia-se o desenvolvimento do protótipo do produto, conforme veremos na continuidade.

Dica prática

Se o conceito do produto está bem elaborado, você deve escolher uma amostra para o teste do conceito que seja representativa do seu público-alvo. Com isso, o trabalho de comunicação de *marketing* (quando do lançamento do produto) será bastante facilitado.

3.1.3 Protótipo de produto

Um protótipo deve ser compreendido como um exemplar, um modelo daquilo que se transformará no produto mais tarde. O desenvolvimento e o teste do protótipo é a fase na qual se busca conferir uma forma física ao produto, com o objetivo de permitir uma visualização completa do mesmo. Recomendamos que os primeiros protótipos sejam de papel (desenhos, esquemas) ou de materiais baratos para que os custos do protótipo não sejam inviáveis.

Os protótipos permitem a fácil visualização do conceito do produto, a análise das tecnologias necessárias para a produção e, ainda, as mudanças nas ideias que ocorrerem durante o processo. À medida que o projeto avançar, podemos optar por materiais mais elaborados, mais próximos daqueles que serão utilizados na realidade.

No estágio mais avançado, o protótipo deve ser elaborado na forma física mais próxima possível do produto real, uma vez que o objetivo deve ser avaliar a aceitação do produto pelo público-alvo, bem como realizar os estudos de viabilidade econômico-financeira, tecnológica e de produção. Segundo Gaither e Frazier (2001, p. 98),

> Se os estudos da viabilidade iniciais forem favoráveis, os engenheiros prepararão um **projeto protótipo** inicial, que deverá exibir a forma, o ajuste e a função básicos do produto final, mas que não será necessariamente idêntico ao modelo de produção. Os testes de desempenho e redesenho do protótipo prosseguirão até que esse processo de projetar-testar-redesenhar produza um protótipo que tenha um desempenho satisfatório. [grifo do original]

De acordo com Corrêa e Corrêa (2004, p. 323),

> Ambos, produto e processo, são definidos conceitualmente, passados para um modelo que possa ser trabalhado (este modelo pode ser um modelo de simulação em computador ou um modelo físico, também chamado *mock-up*) e então extensivamente testado em termos de sua produção e uso. Se o modelo falha em apresentar o desempenho esperado, a equipe de engenharia busca alternativas de mudança nas

especificações do projeto corrente que buscarão fechar a lacuna entre o desempenho esperado e o desempenho efetivamente alcançado.

Podemos depreender das afirmações dos autores anteriormente citados que a prototipagem não é um processo estático. Pelo contrário, é um processo extremamente dinâmico, que exige atualizações permanentes no protótipo, visando adequar o produto resultante do processo às necessidades e/ou desejos dos clientes e, ainda, às possibilidades da manufatura, uma vez que, além de satisfazer necessidades e/ou desejos, o produto deve também atender às necessidades da organização em termos de resultados (entenda-se *lucros*).

Também é possível compreendermos que a etapa de prototipagem envolve a equipe de engenharia da organização (ver Figura 5), para que sejam considerados os aspectos da produção, uma vez que não adianta termos uma ideia maravilhosa sobre um produto se o mesmo não apresentar possibilidades técnicas de produção, além de viabilidade econômico-financeira. Um exemplo de prototipagem encontra-se no texto *O desenvolvimento do satélite brasileiro*, apresentado a seguir.

[7] CBERS – Satélite Sino-Brasileiro de Recursos Terrestres. Para maiores informações, acesse o *site* do Inpe: <http://www.cbers.inpe.br/>.

O desenvolvimento do satélite brasileiro

De forma mais ampla, o desenvolvimento do CBERS[7] é dividido em fases. A primeira (fase A) contempla a concepção geral do satélite, um estudo de viabilidade técnica e a definição de uma estratégia de desenvolvimento, incluindo cronograma e estimativa de custos.

A fase B é a fase de projeto preliminar na qual se definem as concepções dos subsistemas do satélite e as especificações em nível de sistema (satélite) e subsistema. Esta fase é concluída com a PDR (Revisão de Projeto Preliminar) do sistema.

Em seguida, inicia-se a fase C, fase de projeto detalhado. Nesta fase, é feito o projeto detalhado de todos os subsistemas, levando-se em conta, além dos requisitos funcionais e de desempenho, todos os requisitos específicos do ambiente espacial.

Na fase C, são construídos os modelos de engenharia (ME) dos subsistemas e equipamentos. Estes são equipamentos construídos utilizando-se componentes eletrônicos funcionalmente equivalentes aos que serão utilizados nos modelos de qualificação e de voo, mas sem qualificação espacial.

Modelos de engenharia

O objetivo dos MEs dos subsistemas é realizar a verificação funcional, de desempenho e de compatibilidade eletromagnética. Após a verificação em nível de subsistemas, são feitos a integração e os testes do modelo elétrico do satélite, que têm por objetivo verificar os requisitos funcionais, o desempenho e a compatibilidade eletromagnética do satélite como um todo.

Em paralelo à construção e testes do modelo elétrico, outros modelos de desenvolvimento do satélite são construídos, para verificar outros tipos de requisitos.

Um modelo estrutural com todas as características mecânicas do satélite e dos subsistemas é construído e testado. O objetivo desse modelo é verificar se o satélite vai resistir aos esforços mecânicos impostos ao longo de sua vida, principalmente os esforços do lançamento. Esse modelo é submetido a testes estáticos e dinâmicos (vibração e acústico).

Um modelo térmico é construído com as características térmicas do modelo de voo e é submetido a teste de balanço térmico (TBT) em câmara termo-vácuo. O objetivo deste teste é verificar se todos os equipamentos e subsistemas suportarão as diferenças de temperatura durante a operação em órbita.

Um modelo radioelétrico do satélite com as características radioelétricas (antenas, formas, superfícies) é construído e testado em campo de antenas para verificar diagramas de radiação e interferências em RF[8].

Na fase C também são construídos modelos de qualificação dos subsistemas, cujos projetos são novos. Esses modelos de qualificação são fabricados com o mesmo nível de qualidade dos modelos de voo, utilizam componentes eletrônicos qualificados para uso no espaço e são submetidos a ensaios ambientais de qualificação, em níveis de vibração e faixas de temperatura superiores aos previstos para o modelo de voo.

No final da fase C é realizada a CDR (Revisão Crítica do Projeto), onde se verifica se o projeto dos subsistemas e do satélite está finalizado e atendendo às especificações, e se os preparativos para a fabricação dos modelos de voo estão concluídos e sua fabricação pode ser iniciada.

Na fase D são construídos os modelos de voo dos subsistemas, depois realizados a integração e os testes do satélite e, finalmente, o lançamento em órbita.

O desenvolvimento dos satélites CBERS-3 e 4 encontra-se atualmente na fase C.

Fonte: INOVAÇÃO TECNOLÓGICA, 2009.

[8] RF = Rádio Frequência.

O caso do satélite sino-brasileiro nos permite observar a complexidade do desenvolvimento de um produto de alta tecnologia, demonstrando a exigência de rigorosos testes e elevados gastos para que um produto como esse seja desenvolvido.

Na perspectiva das organizações privadas, um produto somente poderá ser produzido se apresentar viabilidade econômico-financeira, comercial (de mercado) e de produção, satisfazendo as necessidades/ desejos dos clientes, assim como as necessidades de lucratividade da organização. Nenhuma organização vai fabricar um produto que não lhe gere benefícios em termos de resultados financeiros.

Dica prática

Nunca se deve continuar o desenvolvimento de um produto que não apresente possibilidade de prototipagem.

A partir do instante que o produto apresenta um protótipo devidamente testado e aprovado pelo mercado-alvo, inicia-se a etapa de lançamento do produto no mercado, tema que será tratado a seguir.

3.1.4 Lançamento de novos produtos

Para o lançamento de novos produtos é necessário considerar as etapas de desenvolvimento das estratégias e programas de *marketing*, desenvolvimento final do produto, teste e posterior lançamento no mercado. Ou seja, após o conceito do produto ter sido testado e aprovado no mercado pela utilização de protótipos, será necessário seguir algumas etapas que antecedem seu lançamento no mercado, para garantir o seu sucesso (entenda-se isso como "longevidade") do produto.

O quadro a seguir apresenta um conjunto de etapas a serem executadas para o lançamento de um produto no mercado, contemplando as principais atividades a serem executadas para tanto.

Quadro 6 – Atividades a serem desenvolvidas no lançamento de produtos – entradas e saídas dos processos.

Entradas	Atividades	Saídas
	Planejar lançamento	
• Especificações finais do produto • Plano estratégico do produto • Plano de lançamento	• Desenvolver processo de vendas	• Especificações do processo de vendas • Recursos para operação do processo • Liberação do processo
• Especificações finais do produto • Especificação do processo de produção • Plano de lançamento • Especificação da cadeia de suprimentos	• Desenvolver processo de distribuição	• Especificação do processo de distribuição • Recursos para operação do processo • Liberação do processo
• Especificações finais do produto • Plano de lançamento	• Desenvolver processo de atendimento ao cliente	• Especificações do processo de atendimento ao cliente • Recursos para operação do processo • Liberação do processo
• Especificações finais do produto • Plano de lançamento	• Desenvolver processo de assistência técnica	• Especificações do processo de assistência técnica • Recursos para operação do processo • Liberação do processo
• Especificações finais do produto • Plano de lançamento • Plano de comunicação	• Promover *marketing* de lançamento	• Plano de lançamento (atualizado) • *Marketing de* lançamento desenvolvido

(continua)

(Quadro 6 – conclusão)

Entradas	Atividades	Saídas
• Especificações do processo de venda • Especificações do processo de distribuição • Especificações do processo de atendimento ao cliente • Especificações do processo de assistência técnica • Plano de lançamento • *Marketing* de lançamento desenvolvido	• Lançar produto	• Produto no mercado • Documento de lançamento
• Resultados do produto • Medição da aceitação inicial do produto pelos clientes	• Gerenciar lançamento	• Limitações dos produtos • Necessidades de mudança
• Plano de fim de vida do produto	• Atualizar plano de fim de vida • Monitorar a viabilidade econômico-financeira • Avaliar fase • Aprovar fase • Documentar as decisões tomadas e registrar lições aprendidas	• Plano de fim de vida do produto (congelado)

Fonte: PDPNET, 2009.

O Quadro 6 nos permite visualizar o número de atividades a serem executadas para que um lançamento tenha êxito. Como as atividades são autoexplicativas, vamos nos concentrar, na continuação, em algumas tarefas mais amplas (que incluem muitas dessas atividades) para aprofundarmos nossa compreensão sobre o lançamento de um novo produto.

Desenvolvimento das estratégias e programas de *marketing*

O desenvolvimento das estratégias e programas de *marketing* é a elaboração de um plano de negócios do produto (*product business plan*), que deve acontecer após a aprovação do produto na etapa de testes do conceito e do protótipo.

O plano de negócios deve conter todas as informações relacionadas no Quadro 6, com detalhamento da estratégia de *marketing* que o gerente de produtos recomenda; previsão de investimentos necessários, detalhando previsão de vendas (receitas) e previsão de lucros daí resultantes, bem como os custos necessários à sua implementação; o orçamento de *marketing* (gastos com promoção, distribuição etc.); o cronograma para implantação do planejamento.

Caberá à direção da organização aprovar ou não o planejamento a partir da análise de atratividade do negócio e do alinhamento do planejado com os objetivos estratégicos da organização.

Desenvolvimento final do produto

Caso o lançamento do produto seja aprovado na etapa anterior, a organização inicia seus investimentos em capacidade de produção, na operação logística (fornecimento, operação e distribuição) e nos canais de *marketing* (estrutura de distribuição física), para que o produto seja lançado no menor período de tempo possível.

Nessa fase, serão definidas as características (atributos) finais do produto, como o seu *design* e a sua embalagem; além disso, também serão estabelecidos os serviços que serão agregados ao produto, como a garantia, a assistência técnica, o atendimento ao cliente etc. Cabe ao gerente de produtos importante papel nessa fase, uma vez que deverá acompanhar e orientar as demais áreas da organização envolvidas no processo e os parceiros externos (fornecedores e distribuidores).

A engenharia de produto será fundamental nessa fase, uma vez que caberá a ela desenvolver o produto, atendendo às especificações oriundas do teste de conceito e de protótipo. Será realizada a adequação entre o que os clientes desejam e o que é tecnicamente possível de ser concretizado na produção. O gerente de produtos será responsável pela interface entre as necessidades/desejos dos clientes-alvo e as possibilidades da produção da organização (não devemos deixar de lembrar que existem limitações técnicas no processo produtivo).

Por fim, além da fabricação do produto em si e da formação de estoques para suportar as vendas no estágio de introdução do produto, é nessa fase que serão produzidos os materiais de *marketing* (suporte promocional) e serão realizados o treinamento da equipe de vendas, do canal de distribuição e de todos os demais envolvidos no atendimento aos clientes.

Teste de mercado

Os testes de mercado visam minimizar os riscos (e os custos decorrentes) de se lançar um produto em um mercado geograficamente muito amplo e, depois, ter que retirar tal produto do mercado em virtude de algum problema que possa acontecer (erros na embalagem, na formulação, no *design* etc.).

Assim, realizam-se os testes de mercado que visam medir a reação dos potenciais consumidores sob as condições normais de *marketing*. Segundo Kotler (1998), o teste de mercado é a etapa do processo de lançamento, no qual o produto (integralmente) e o planejamento de *marketing* são colocados de fato à prova pela primeira vez em um mercado bem selecionado e autêntico.

Portanto, o teste de mercado é a fase na qual o produto é colocado em uma situação real de comercialização, possibilitando com isso a realização de eventuais ajustes do produto e de outros componentes do *mix de marketing* (embalagens, *design*, canais, preços etc.) se necessário.

O risco existente na fase de teste de mercado é o da concorrência se antecipar, reagindo rapidamente, lançando um produto similar em larga escala e, com isso, atrapalhando o lançamento do produto.

Geralmente, testes de mercado são realizados para bens de consumo, uma vez que o processo de lançamento de produtos industriais é menos complexo, pelo fato de seu público-alvo ser diferenciado. Quando a organização acredita que os resultados obtidos no teste são satisfatórios e que estão dentro do esperado em relação ao que se planejou, é o momento de efetuar o lançamento em nível nacional (ou no mercado total de atuação da organização), conforme veremos a seguir.

Dica prática

Na fase de teste, é recomendável ajustarmos o relacionamento com o canal de distribuição, de forma a garantirmos que os membros do canal tenham estoques para assegurar o rápido atendimento aos pedidos dos clientes.

Lançamento no mercado propriamente dito

O lançamento é a fase em que se coloca o novo produto em larga escala no mercado. Porém, em virtude das disponibilidades de recursos financeiros para suportar o esforço de *marketing* exigido nessa fase, existem algumas possibilidades:

- lançar o produto em escala nacional, rapidamente;
- lançar o produto de forma escalonada, iniciando pelo(s) mercado(s) principal(is) e, de forma gradual, colocando-o nos mercados secundários e terciários;
- lançar o produto de forma lenta, mercado a mercado, de forma a minimizar os investimentos necessários.

Dica prática

Na fase de lançamento, o gerente de produtos deve acompanhar rigorosamente todos os gastos com promoção de *marketing*, visando garantir que os orçamentos sejam cumpridos à risca e, se possível, que os gastos sejam reduzidos.

Cada uma das possibilidades implica investimentos no esforço de *marketing* e é por isso que serão as disponibilidades financeiras que acabarão definindo, em última instância, a estratégia de penetração no mercado com o novo produto.

Lançar o produto em escala nacional, de forma rápida, implica campanha promocional em nível também nacional (o que significa elevados gastos com propaganda e promoção de vendas), esforço gigantesco em termos de abastecimento dos canais de *marketing* (significando a alocação de estoques nos pontos de vendas) e sincronismo na atuação da força de vendas, para garantir que o canal de distribuição (ou de *marketing*) será atendido em suas necessidades de apoio no ponto de venda.

O lançamento escalonado é uma alternativa intermediária, significando que a organização realiza os investimentos necessários de forma também escalonada, sem comprometer de forma significativa seu fluxo de caixa e podendo realinhar o planejamento à medida que obtém informações de campo oriundas da sua força de vendas.

Por fim, o lançamento de forma lenta, embora minimize os gastos financeiros, pode gerar oportunidades à concorrência para que esta se antecipe no lançamento de produto concorrente em mercados onde a organização ainda não se posicionou, comprometendo o esforço de *marketing* quando do lançamento naquele mercado específico.

De qualquer forma, a decisão deverá sempre considerar a relação custo-benefício resultante de cada alternativa.

Uma vez que o produto tenha sido lançado, é necessário que o gerente de produtos monitore seus resultados no mercado, tema que será analisado no próximo tópico.

Monitoramento dos resultados

Quando o produto é finalmente lançado no mercado, o gerente de produtos, juntamente com a gerência de *marketing*, deve monitorar permanentemente o desenvolvimento das vendas do novo produto através dos principais fatores indicadores de resultados (vendas, participação de mercado, margem de contribuição, preço de venda, reação da concorrência etc.). É importante que o gerente de produtos acompanhe, sobretudo, o grau de satisfação dos consumidores e monitore os níveis de estoques no canal de distribuição (atacadistas, varejistas etc.).

Ou seja, será de fundamental importância o acompanhamento de resultados do produto em cada etapa de sua vida no mercado (ver seção 2.3, sobre o ciclo de vida dos produtos). É a partir do lançamento do produto no mercado que o acompanhamento do seu ciclo de vida ganha maior importância, uma vez que se constrói a curva do ciclo de vida pelo acompanhamento do volume de vendas e, em função da participação de mercado que o produto vai conquistando é que as decisões do gerente de produtos podem ser refinadas.

O monitoramento deve levar a direção da organização a tomar a decisão de ampliar o volume de produção ou eliminar o produto da linha de produtos da organização. Quando a direção decide por manter o produto no mercado, ampliando seu volume de produção, uma alternativa pode ser a produção em série dos produtos, conforme veremos a seguir.

3.1.5 Produtos seriados

Os produtos seriados (ou seriais) são aqueles vendidos em grande volume (produtos de consumo de massa), como eletroeletrônicos, brinquedos, automóveis, computadores etc. A lógica de se adotar a produção em série visa diminuir os custos de produção, obtendo-se economia de escala.

A produção de produtos em série, também denominada *produção em linha*, destina-se à produção em unidades (peças discretas), fluindo de posto de trabalho para posto de trabalho (ou estações de trabalho), em uma taxa preestabelecida.

Os postos (ou estações) de trabalho são ordenados de forma a respeitar uma sequência de etapas do processo produtivo do produto, que deve ser fabricado em grandes volumes para justificar tal arranjo físico.

Porém, a atual tecnologia disponível para os processos produtivos tem alterado de forma significativa essa lógica de produção em elevados volumes, uma vez que os novos equipamentos disponíveis nos permitem a obtenção de eficiência e flexibilidade nos processos produtivos, mesmo com produção em menor escala.

É possível, atualmente, fabricarmos produtos seriais com variedade (*mix*) e em volumes mais reduzidos, num processo denominado *flexibilidade de produto* e *flexibilidade de volume* (Gaither; Frazier, 2001, p. 105) Isso permite que se atendam a necessidades e/ou desejos diversificados de clientes cada vez mais exigentes.

Somente depois que o produto passou, com sucesso, pelo estágio de lançamento, é que ele será colocado em linha de produção seriada.

Dica prática

O gerente de produtos deve analisar as demandas do mercado para oferecer os produtos que os clientes desejam sempre, que os processos produtivos permitam fabricar produtos seriais em escala mais reduzida.

Síntese

Neste capítulo, conhecemos um modelo de processo para o desenvolvimento de produtos que deve envolver diferentes profissionais em uma visão multidisciplinar, pois implica exaustivas discussões sobre a melhor maneira de encaminhá-lo para atender às necessidades ou aos desejos dos clientes.

Vimos que a elaboração de produtos conta com duas fases essenciais: (i) geração e triagem de ideias e (ii) desenvolvimento e teste do conceito. A fase de geração e triagem de ideias significa que o gerente de produtos e todos os demais profissionais de *marketing* da organização devem estar permanentemente atentos aos clientes, buscando atender às demandas dos consumidores.

Desenvolvimento e teste de conceito implicam a elaboração de uma ideia (conceito) para o produto e, então, o direcionamento deste ao mercado para indagar se os clientes estariam dispostos a comprá-lo de acordo com proposta da organização (teste).

A partir do momento que o produto está devidamente aprovado, chega o momento de lançá-lo efetivamente no mercado. Quando está tudo devidamente planejado, é o momento de iniciarmos as ações de *marketing* para o efetivo lançamento, verificando a necessidade de contratação de agências de propaganda, de espaços nas mídias a serem utilizadas (rádio, jornal, televisão etc.), para garantir que a promoção será a mais adequada para sustentar o lançamento do produto nos estágios iniciais do seu ciclo de vida.

Realiza-se o lançamento efetivamente, gerenciando o processo através da atualização do planejamento realizado, monitorando os resultados obtidos em termos de vendas e participação de mercado, permitindo avaliar e aprovar os resultados obtidos na fase de lançamento. Além disso, as decisões tomadas e as lições aprendidas devem ser documentadas para permitir a necessária aprendizagem que orientará futuros lançamentos de outros produtos.

Quando os produtos estão no mercado, devem ser constantemente monitorados para garantir que as ações de *marketing* sejam tomadas a tempo, sustentando o produto por mais tempo no mercado.

Por fim, não devemos descuidar do aspecto da fabricação dos produtos em momento algum, sobretudo quando adotamos uma estratégia de produção em série, que visa obter economias de escala para garantir que a produção será sempre direcionada à satisfação de necessidades e/ou desejos dos clientes da organização.

Questões para revisão

1» Quantas, e quais são, as etapas ou fases existentes no processo de desenvolvimento de um novo produto?

2» Por que a fase da "geração de ideias" deve ser submetida a algum tipo de triagem (filtro)?

3» Após a aprovação do produto nas etapas de realização de testes do conceito e de construção do protótipo, o que deve acontecer? Como se sintetiza essa etapa?

4» O que acontece na fase do desenvolvimento final do produto?

5» Qual a importância da etapa de monitoramento?

Questões para reflexão

1» Saber gerenciar conflitos é realmente importante para um gerente de produtos?

2» Uma mudança na forma como se comercializa um produto, por exemplo, a venda de créditos de telefone em postos de combustíveis, representa uma inovação? Isso é importante para um gerente de produtos?

3» Imagine que você é o gerente de produto de um produto como o popular BomBril. Como você apresentaria suas Características, Vantagens e Benefícios?

Para saber mais

MUNDIM, Ana Paula Freitas et al. Aplicando o cenário de desenvolvimento e produtos em um caso prático de capacitação profissional. **Gestão & produção**, v. 9, n. 1, p. 1-16, abr. 2002. Disponível em: <http://www.scielo.br/pdf/gp/v9n1/a02v9n1.pdf>. Acesso em: 6 ago. 2009.

Este é um artigo publicado na revista *Gestão e Produção*, no qual é apresentada a caracterização do processo de desenvolvimento de produtos, bem como seus requisitos para capacitação, descrevendo um caso de capacitação profissional.

GORNI, Antonio Augusto. **Introdução à prototipagem rápida e seus processos.** Disponível em: <http://www.gorni.eng.br/protrap.html>. Acesso em: 6 ago. 2009.

Trata-se de um artigo que apresenta o conceito de prototipagem rápida – um conjunto de tecnologias usadas para se fabricar objetos físicos diretamente a partir de fontes de dados gerados por sistemas de projeto auxiliado por computador (CAD).

4

Administração do produto

Conteúdos do capítulo:

- conceito de linha de produtos;
- marca e gerenciamento de marca;
- papel da embalagem e da rotulagem;
- estratégias de administração do produto.

Após o estudo deste capítulo você será capaz de:

- estabelecer decisões sobre linhas de produtos;
- discorrer sobre criação e estabelecimento de marcas;
- discutir sobre criação de embalagens e rotulagem;
- discorrer sobre estratégias competitivas sustentáveis para produtos no mercado.

O que devemos entender por administração de produto? Na verdade, a administração do produto diz respeito a tudo o que tratamos até aqui.

Administrar um produto no mercado significa saber o que ele é, compreender os seus níveis existentes (produto genérico e produto ampliado), ter o conhecimento de sua classificação, saber o que é *mix* de produtos (a variedade de produtos que compõe a linha de produtos da organização), tomar todas as decisões relacionadas à linha de produtos, à criação e ao gerenciamento de uma marca – com todas as decisões associadas, as decisões de embalagem e rotulagem do produto, entre outros aspectos relevantes.

O gerente de produtos deve, como parte de suas atribuições, em apoio à gerência de *marketing*, selecionar mercados e público-alvo, decidir sobre produtos e serviços a serem ofertados a estes, definir as características, as vantagens e os benefícios do produto, a marca, a embalagem e a imagem a ser criada para o produto. Uma boa administração do produto significa adotar uma postura estratégia, que vislumbra sempre o cenário global no qual o produto se insere e, para tanto, precisamos considerar os seguintes fatores:

- **Objetivos de mercado para o produto:** Compreendem as metas de vendas, a participação de mercado pretendida (*share*) e as projeções de lucros a serem obtidos.

- **Público-alvo selecionado:** Compreende a necessidade de se conhecer os potenciais e reais clientes/consumidores do produto em termos de suas características demográficas, psicográficas, bem como suas necessidades, desejos e expectativas.
- **Benefícios e atributos do produto:** Entendidos como tudo aquilo que pode diferenciar o produto de uma organização em relação à concorrência e consequentemente representar adição de valor para os clientes/consumidores.
- **Mecanismos de proteção legal do produto:** Compreende o estudo da possibilidade de proteger o produto da ação ilegal de concorrentes. A criação de patentes, por exemplo, caracteriza uma iniciativa legal de proteção ao produto de uma dada organização.
- **Serviços agregados ao produto:** Caracteriza o estudo da possibilidade de oferta de suporte pós-venda, assistência técnica, treinamento etc., para os clientes/consumidores do produto.
- **Marca:** Caracteriza um elemento diferenciador do produto e, assim, deve ser tratada de forma a garantir um excelente posicionamento na mente dos clientes.
- **Embalagem:** Costuma-se afirmar que a embalagem é o "último vendedor silencioso do produto". Assim, o desenvolvimento de uma embalagem que motive para a compra é uma das atribuições fundamentais para a administração do produto no mercado.

Como podemos perceber, muitos são os aspectos a serem administrados pelo gerente de produtos, em conjunto com a gerência de *marketing*, o que demonstra a importância de uma gerência de produtos eficiente, que efetivamente contribua para o sucesso da organização no mercado.

Assim, neste capítulo, vamos ver aqueles aspectos não tratados nos capítulos anteriores e, com isso, concluiremos a análise de todas as atividades relacionadas ao gerenciamento de produto.

4.1 Linhas de produtos

Vimos no primeiro capítulo que um produto é entendido como um "conjunto de utilidades constituídas de várias características do próprio produto e de serviços complementares que se agregam a ele". Sob esse ponto de vista, o produto é muito mais que um simples objeto a ser utilizado/consumido por alguém. Portanto, diante dessa consideração, o que é uma linha de produtos?

Antes de respondermos a essa questão, vamos entender que a imensa maioria das organizações comercializa mais de um produto (são raríssimas as organizações que possuem um único produto). Assim, o conjunto de produtos que uma organização comercializa é o que denominamos de *composto de produtos*, ou *mix* (variedade) *de produtos* ou, ainda, *portfólio de produtos*. Assim, o composto de produto pode ser formado por uma única linha de produtos ou por várias linhas de produtos.

Quando tratamos no capítulo dois sobre extensão e profundidade de linha (apresentando o exemplo da Cocamar, com as linhas Purity, Cocamar e Suavit), vimos que a linha Purity conta com 51 produtos, a linha Cocamar conta com 7 produtos e, por fim, a linha Suavit conta com 5 produtos, perfazendo sessenta e três produtos divididos em três linhas de produtos.

Agora podemos responder a questão formulada: uma linha de produtos pode ser definida como **um agrupamento de produtos que apresentam características comuns, além de serem direcionados para usos e clientes comuns**; e que, portanto, **podem também compartilhar canais de distribuição e estratégias de promoção conjuntas.**

Segundo Churchill e Peter (2000), cabe aos profissionais de *marketing*, estando gerente de produtos aí incluso, avaliar o composto de produtos da organização, considerando três aspectos: extensão, profundidade e consistência. (Churchill; Peter, 2000, p. 252),

> A extensão de um composto de produtos refere-se ao número de linhas de produtos comercializadas pela organização. Já a profundidade alude ao número médio de produtos em cada linha de produtos. Finalmente, a consistência diz respeito à similaridade das linhas de produtos em termos de matéria-prima, requisitos de produção, canais de distribuição ou outros aspectos.

Portanto, o gerente de produtos deve avaliar e controlar o desempenho de todo o composto de produto da organização com base no gerenciamento de cada uma das linhas de produtos sob sua responsabilidade. É por isso que, geralmente, as organizações mantêm um gerente de produtos para cada linha de produto. Claro que não é apenas o gerente de produtos que deve estar monitorando sua linha de produtos. Qualquer executivo da organização pode envolver-se nessa tarefa, como nos demonstra o exemplo do presidente das Lojas Renner, no texto a seguir.

Detalhes tão grandes

Em seu escritório na capital gaúcha, José Galló, presidente da Lojas Renner, consegue acompanhar tudo o que acontece nas 117 lojas da rede no Brasil. Para isso, sua sala dispõe de dois televisores de 42 polegadas. Enquanto um exibe os gráficos de venda das lojas, o outro mostra imagens de câmeras espalhadas por cada loja da Renner.

Ao notar que não havia atendente na área de relógios da Renner de Campinas, Galló ligou para a gerência da unidade e reclamou, com sutileza, as vendas perdidas e o número de pessoas que passaram pelo setor e não foram atendidas. Cinco minutos depois tinha alguém no local. É um detalhe que faz a diferença na outra tela, a de vendas, e também no orçamento final do ano. É um grande exemplo de administração. Os números não negam: 8,7% foi quanto a rede cresceu de abril a junho em receita operacional líquida, em comparação com 2008, ano em que atingiu R$ 2 bilhões. O lucro líquido de abril a junho foi de R$ 47,8 milhões, mais de quatro vezes o valor do primeiro trimestre.

"Não vejo felicidade em mudar de empresa sempre. Quero recriar o que já temos", declara Galló.

Fonte: Coluna do Nenê, 2009.

O quadro nos permite perceber como o envolvimento dos dirigentes é fundamental para garantir o objetivo de faturamento. Afinal, o principal objetivo do gerente de produtos deve ser garantir a participação de mercado (*share*) para seus produtos e, consequentemente, as metas de faturamento, garantindo a continuidade dos produtos na linha e, com isso, prolongando o ciclo de vida do produto (CVP).

A gerência de *marketing* é quem define as estratégias de produtos das organizações, ou seja, como acrescentar novas linhas de produtos ao composto de produtos. Assim, o gerente de produtos deve estabelecer as estratégias para suas linhas de produtos, cabendo a ele decidir pelo acréscimo de variações a cada produto (por exemplo: novos sabores para uma linha de biscoitos recheados), aumentar a consistência da linha de produtos para otimizar as atividades de *marketing* nos canais de distribuição, ampliar a linha de produtos (aumentando a profundidade da linha), entre outras decisões que permitam aumentar a lucratividade de sua linha de produtos.

Analisaremos mais detalhadamente a seguir as tomadas de decisão do gerente de produtos que se referem à sua linha de produtos.

4.2 Decisões sobre linha de produtos

De uma forma simplificada, podemos dizer que as principais decisões do gerente de produtos sobre a linha de produtos são: análise, extensão, ampliação, complementação, modernização e exclusão de linha de produtos.

Vejamos cada uma dessas decisões.

4.2.1 Análise da linha de produtos

A atividade de analisar uma linha de produtos deve sempre ser efetuada sob as perspectivas interna e externa.

Sob uma perspectiva interna, cabe ao gerente de produtos acompanhar a vida do produto em cada estágio (fase) do CVP, acompanhando a percentagem de venda total e o lucro de cada produto da linha, a margem de contribuição gerada por cada um deles, bem como a margem de contribuição de sua linha no composto de produtos da organização.

Sob a ótica externa, o gerente de produtos deve analisar o posicionamento de sua linha de produtos em relação às linhas de produtos da concorrência, visando decidir como concorrer com tais produtos.

4.2.2 Extensão da linha de produtos

Encontrar a extensão ótima da linha de produtos é um dos principais problemas a serem equacionados pelo gerente de produtos, uma vez que ele pode aumentar a lucratividade de sua linha de produtos, aumentando o número de itens (sendo possível aumentar participação no mercado) ou diminuindo-o (eliminando itens não lucrativos).

Na verdade, os objetivos da organização é que influenciam a decisão do gerente. Organizações que têm o objetivo de aumentar sua participação de mercado e apresentar crescimento tendem a trabalhar com linhas mais extensas. Por outro lado, organizações que buscam rentabilidade mais alta devem trabalhar com linhas mais enxutas, com produtos de maior rentabilidade.

Ao longo do tempo, existe uma tendência natural de extensão das linhas de produto. Isso decorre geralmente do excesso de capacidade de produção, que exige do gerente de produtos o desenvolvimento de novos produtos. O canal de distribuição e a força de vendas também demandam linhas mais completas (ampliadas/extensas) para atender às demandas dos clientes/consumidores.

Porém, o gerente de produtos deve estar sempre atento a uma situação como essa, uma vez que novos produtos representam novos custos de pesquisa e desenvolvimento, promoção de vendas, manutenção de estoques, mudança de processos produtivos etc. Portanto, o gerente de produtos deve se questionar permanentemente a respeito da rentabilidade dos produtos da linha para verificar sua lucratividade.

A extensão de linha de produtos pode acontecer por complementação ou por ampliação, conforme veremos no próximo tópico.

Ampliação de linha

A ampliação de uma linha de produtos pode dar-se nos seguintes termos: para baixo (preço baixo/qualidade baixa), para cima (preço alto/qualidade alta) ou nas duas direções. Vejamos cada uma dessas possibilidades.

Ampliar uma linha para baixo significa lançar uma segunda linha, acrescentando produtos na posição inferior, com preços mais baixos (competitivos). Trata-se de uma estratégia para conquistar clientes na base do preço baixo. Porém, essa estratégia exige cautela, pois pode comprometer a marca e a imagem da organização. Assim, apesar de se oferecer produtos para competir com base em preço, a chamada *segunda marca* deve estar apoiada na imagem de qualidade.

Quais os motivos que levam uma organização a ampliar sua linha para baixo? Vejamos a seguir alguns motivos possíveis:

- o segmento mais alto (superior) do mercado está apresentando crescimento lento (ou não está crescendo);

- a organização pode ter entrado no segmento superior com a intenção de criar uma imagem de qualidade para, posteriormente, aproveitar-se dessa imagem para ampliar a linha para baixo;
- pode estar ocorrendo um ataque de concorrentes no segmento superior do mercado, forçando a organização a lançar um contra-ataque para invadir uma posição do concorrente no segmento inferior (mais baixo), obrigando-o a se defender;
- a organização identifica uma oportunidade de mercado (lacuna existente) e busca ocupar espaço.

Essa estratégia oferece alguns riscos, que podem ser assim resumidos:

- canibalização[8] de mercado de itens posicionados no segmento superior do mercado;
- o canal de distribuição pode reagir porque não deseja associar a imagem do ponto de venda a produtos considerados inferiores ou, ainda, porque tais produtos podem oferecer uma margem de contribuição menor (menos interessante);
- ao posicionar o produto em um segmento inferior do mercado, os concorrentes podem reagir lançando produto novo no segmento superior.

[8] Canibalização se dá quando um produto "ataca" outro produto da própria organização, ocupando seu espaço no mercado.

Ou, a segunda alternativa é ampliar a linha para cima. Essa alternativa é adotada usualmente por organizações que atuam no segmento inferior do mercado. Essa iniciativa pode ser motivada pelos seguintes fatores:

- maiores margens apresentadas pelos produtos do segmento superior;
- maiores taxas de crescimento no segmento superior do mercado;
- posicionamento como fabricante de linha completa;
- posicionarmento como fabricante de produtos com qualidade superior.

Essa estratégia, por sua vez, também pode apresentar riscos para a organização semelhantes ao da primeira estratégia. Entre eles, podemos citar os seguintes:

- a força de vendas não apresenta qualificação para trabalhar com produtos de qualidade superior;

- o canal de distribuição não é adequado a produtos de qualidade superior;
- os concorrentes, sentindo-se atacados no segmento superior do mercado, podem contra-atacar a organização com produtos no segmento inferior do mercado;
- os próprios clientes/consumidores podem não aceitar a mudança pelo fato de não acreditarem que uma organização que atua no segmento inferior apresente capacidade de oferecer produtos de qualidade superior.

Outra possibilidade é ampliar a linha de produtos tanto para cima quanto para baixo (atuando nos dois sentidos). A organização pode tanto oferecer produtos posicionados no segmento superior no mercado quanto no segmento inferior. Geralmente, essa estratégia é adotada por organizações que atuam no mercado intermediário (preço médio/qualidade média).

Além da ampliação de linha, uma organização pode resolver ampliar sua atuação na mesma faixa de mercado pela complementação da sua linha de produtos, conforme veremos a seguir (Kotler, 1980, 1998):

Complementação de linha

A complementação de linha de produtos significa acrescentar no mercado novos produtos à mesma faixa de atuação da organização. Existem diversas razões que podem levar uma organização a complementar sua linha, entre as quais podemos citar as seguintes (Kotler, 1980, 1998):

- atendimento de demandas da sua força de vendas que deseja ter um *mix* mais diversificado para oferecer aos clientes/consumidores;
- atendimento de demandas do canal de distribuição que também deseja um *mix* mais completo para melhorar suas vendas;
- possibilidade de utilizar capacidade produtiva ociosa;
- tentativa de ocupar espaços no mercado (preencher lacunas) para evitar avanços da concorrência;
- busca pela liderança no mercado como uma organização de linha completa;
- aumento de lucros.

Essa estratégia também apresenta alguns riscos, exigindo que a organização tome cuidado em não permitir que ocorra canibalização dos produtos já existentes ou, ainda, que haja confusão entre os clientes/consumidores. Para a organização evitar isso, esta precisa diferenciar muito bem o produto na mente dos clientes/consumidores com uma diferença que seja bastante perceptível.

Outro cuidado relevante que a organização pode tomar na adoção dessa estratégia de complementar a linha de produtos é se assegurar que o produto complementar realmente satisfaz uma necessidade/desejo do mercado e não apenas necessidades internas à organização.

Outra decisão frequente sobre a linha de produtos está relacionada com a modernização da linha.

4.2.3 Modernização de linha

Modernizar uma linha de produtos pode ser uma necessidade para prolongar o ciclo de vida do produto, quando este está entrando na sua fase de declínio, ou simplesmente quando se decide por modernizar a linha para adotar um estilo mais moderno, visando atender às necessidades de mudança por parte dos clientes/consumidores.

Um cuidado a ser adotado pela organização quando da modernização de linha é considerar o comportamento dos clientes/consumidores mais velhos, que eventualmente podem sentir-se "abandonados" pela organização e, com isso, deixar de comprar o produto e até mesmo outras mercadorias da organização.

Por fim, apresentamos uma última decisão importante relativa à linha de produtos, que diz respeito ao momento de se excluir um produto da linha, sobre o que discorreremos a seguir.

4.2.4 Exclusão de produto de linha

A decisão da organização de excluir um produto de linha deve ser tomada a partir de criteriosas análises de suas vendas e dos seus custos, o que permitirá identificar se o produto se encontra no estágio de declínio do ciclo de vida do produto e não oferece oportunidade de modernização.

Essa decisão, sempre à luz da relação receita de vendas × custos, pode ser tomada quando um produto está em declínio e prejudicando a lucratividade da organização.

Por fim, a decisão de excluir um produto de linha pode acontecer simplesmente porque a organização não está tendo capacidade de produção suficiente para atender à demanda e, com isso, ela buscará eliminar o produto mais fraco da linha, caso não exista a necessária capacidade de investimento para aumentar a produção.

Dica prática

O gerente de produtos deve acompanhar cada produto de sua linha individualmente, para garantir que cada produto gere sinergia para a linha. Quando o produto começa a prejudicar a linha, este deve ser excluído da mesma.

Outro aspecto fundamental na administração do produto é a administração da marca, a sua criação, proteção e seu adequado gerenciamento, uma vez que a marca confere uma identidade ao produto e à organização. Portanto, essa é uma das atividades também fundamentais para o sucesso da atividade de *marketing* dentro da organização e, consequentemente, para o gerente de produtos. Administrar a marca não é tarefa das mais fáceis, exigindo dedicação, perseverança e criatividade para garantir que a marca esteja sempre presente na mente do consumidor, conforme veremos na continuação.

4.3 Criação de marcas

Vamos começar compreendendo que a marca é um sinal, uma letra, uma palavra, um símbolo, ou mesmo a combinação desses elementos, que se adota para identificar os produtos e/ou serviços de uma determinada organização.

Para Kotler (1998), uma marca pode apresentar até quatro níveis conjuntos de significados:

- **Benefícios**: Podem ser compreendidos como os resultados obtidos pelo cliente/consumidor com o uso do produto (o que o cliente/consumidor efetivamente compra).

- **Atributos**: São as características intrínsecas do produto (estéticas e funcionais).
- **Valores**: Aquilo que se associa à marca e que é reconhecido, identificado e valorizado pelos clientes/consumidores.
- **Personalidade**: Aquilo que a marca permite transmitir, que se associa à marca por meio da propaganda (ética, maturidade, experiência, autonomia, independência, modernidade, juventude etc.)

A construção desse conjunto de significados é fundamental, uma vez que, para Ries e Trout (1986, p. 36), as

> batalhas de *marketing* são combatidas em um lugar mesquinho e feio. Um lugar que é escuro e úmido, com muito território inexplorado e muitas ciladas para o incauto. As batalhas de *marketing* são combatidas dentro da mente. Dentro de sua própria mente e da de seus clientes em perspectiva, todos os dias da semana.

A afirmativa dos autores permite nos conscientizarmos da importância de uma boa marca, uma vez que ela assegurará um espaço importante na mente dos clientes (basta pensar em um refrigerante de sabor guaraná para entender o que estamos falando). Mas, afinal, o que é uma marca?

Como vimos no primeiro parágrafo, uma marca pode ser entendida como todo e qualquer símbolo que permita identificar alguma coisa de forma imediata. Por exemplo: quando um cristão vê um crucifixo, imediatamente ele lembra de Cristo. Assim, para o cristão, um crucifixo é uma marca. Em termos da teoria da comunicação, segundo Sampaio (1999), uma marca pode ser um símbolo, um ícone, um desenho ou mesmo uma palavra. Isso define o termo *imagem da marca*, que é entendido como o conjunto de associações e percepções que o cliente/consumidor desenvolve com relação a um determinado produto. Para o *marketing*, ainda segundo Sampaio (1999, p. 218),

> [...] a marca empresta valor ao produto porque traz em si um histórico da sua relação com o consumidor, das boas experiências que ele teve com aquele produto em termos da boa qualidade obtida com o uso do seu tempo e dinheiro.
>
> Mas não é de hoje que a marca tem valor.

> A história começou na Idade Média, quando o comércio precisava personalizar suas mercadorias (como prata, roupa, especiarias etc.) para diferenciá-las das concorrentes. Isso era feito através das marcas de cada comerciante, dando origem ao termo *trademark* (marca de comércio), que gradativamente passou a ter importância cada vez maior. O conceito de marca de comércio evoluiu – durante a Revolução Industrial – para marca de indústria e comércio, quando o centro do poder passou para a indústria, que dava nomes e símbolos a seus produtos para diferenciá-los dos concorrentes e para valorizá-los junto ao comércio.

Como podemos perceber, a marca é uma questão de origem antiga a preocupar o gerente de produtos, uma vez que exige construir uma "relação com o consumidor", tarefa nada fácil. Ou seja, a marca é que permitirá ao consumidor identificar e diferenciar os produtos ou serviços que adquire ou consome. Assim, devem ser considerados na criação da marca todos os aspectos que permitam ao cliente/consumidor "construir" um relacionamento com o produto através da marca.

Dica prática

Lembre que apenas uma marca não garante sucesso. É o conjunto de bons produtos, bons preços, boa promoção, boa distribuição, bom *design* e diversos outros aspectos que irá garantir o sucesso da marca.

Quanto vale as palavras Mercedes-Benz, IBM e Coca-Cola? A inserção do símbolo ® imediatamente após cada uma delas já permite entender que não são simples palavras. São muito mais que uma palavra – cada uma delas representa uma marca com um valor muito maior do que os ativos que integram as organizações que representam.

Certa vez, um executivo da Coca-Cola afirmou que, se por algum motivo qualquer, todos os ativos da empresa fossem destruídos simultaneamente, seria muito fácil à organização fazer um empréstimo em torno de US$ 100 bilhões, simplesmente oferecendo como garantia a marca Coca-Cola. Ou seja, essa marca é o ativo (intangível) mais valioso da organização.

Portanto, é fundamental para qualquer estratégia vitoriosa no campo do *marketing* construir uma marca forte para o produto (ou para a linha de produtos). Segundo Sampaio (1999, p. 223), "o começo da construção da marca se dá através da propaganda, ainda a ferramenta por excelência para cumprir essa tarefa". Ou seja, a partir do momento que uma organização tem uma marca para o produto, é necessário que ela invista em propaganda para fazer com que essa marca comece a ocupar seu espaço na mente dos clientes/consumidores.

Porém, não devemos esquecer que apenas a propaganda não vai sustentar a marca; é necessário agregar a ela todos os demais elementos do composto de *marketing*: um produto com qualidade, preços ajustados ao mercado, demais aspectos da promoção (venda pessoal, *merchandising* etc.) e uma boa distribuição (afinal, de que adianta o cliente saber, através da propaganda que o produto existe, se ao chegar ao ponto de venda não encontrar o produto que procura?).

Não podemos esquecer que a marca deve ser uma experiência total em relação ao produto, em uma abordagem gestáltica[9] (Sampaio, 1999), na qual o cliente/consumidor estabelecerá seu relacionamento com o produto, estabelecendo associações, positivas ou negativas, com a marca a partir do contato com o produto (produto genérico) e tudo o que mais estiver associado a ele (produto ampliado).

Assim, para criar uma marca forte, que ocupe o espaço desejado na mente do cliente/consumidor e que apresente uma vida longa e durável, é preciso, segundo Sampaio (1999, p. 223-224), adotar quatro recomendações fundamentais:

- **Persiga a qualidade como se a vida da marca dependesse disso**: É fundamental buscarmos a excelência sempre. Uma vez que a experiência do cliente se dá com o todo do composto de *marketing*, não devemos esquecer da *Gestalt*, na qual o cliente toma contato com a organização por meio do produto, da propaganda e do canal de distribuição. Assim, a qualidade deve ser uma constante preocupação do gerente de produtos, em todos os aspectos do *mix* de *marketing*.
- **Crie um forte diferencial no seu mercado específico**: Isso significa que a marca deve ser percebida como possuidora de uma qualidade única, exclusiva. Significa que a organização deve buscar criar um "espaço no mercado" que seja seu e somente seu,

[9] Gestalt: Por volta de 1870, alguns pesquisadores alemães (Kurt Koffka, Wolfgang Köhler e Max Werteimer), iniciaram estudos dos fenômenos de percepção humana, sobretudo a visão. Procuravam compreender o que ocorria para que um dado recurso pictórico resultasse em determinado efeito. A esses estudos convencionou-se denominar de *psicologia da Gestalt* ou *psicologia da boa forma*.

no qual o concorrente seja percebido como o seguidor, aquele que "corre atrás" do líder.

- **Não subestime nem superestime nenhuma ferramenta de *marketing***: "Assim como uma casa, a marca precisa de diversos tipos de materiais, sistemas e especialistas para ser construída de forma eficiente" (Sampaio, 1999, p. 224). Ou seja, não devemos dar preferência a nenhuma das ferramentas do *mix* de *marketing*. Devemos utilizar de todo o "arsenal" de *marketing* para a construção da marca, sem deixar de utilizar nenhum, porém sem enfatizar apenas um ou alguns.
- **Lute para dominar**: Quando lutamos para atingir o segundo ou o terceiro lugar, o mais provável é que cheguemos em sétimo ou oitavo. Na verdade, quem conquista o pódio é sempre quem quer conquistar o pódio. É preciso lutarmos sempre para sermos o primeiro lugar. Portanto, para termos a marca número 1, é preciso usarmos de todas as ferramentas: embalagem, rotulagem, propaganda, relações públicas, distribuição, preços, qualidade do produto etc., com força, agressividade e intensidade.

Se essas recomendações forem seguidas à risca, certamente o sucesso da criação de uma marca estará garantido, faltando apenas garantir formas de proteger a marca, conforme veremos no próximo tópico.

4.3.1 Proteção da marca

Quando pensamos em fotocópia, qual é o nome que nos vem à mente? E quando pensamos em lâmina de barbear? Ou quando nos referimos a uma esponja de aço para limpeza de panelas? É quase certo que surge nas mentes das pessoas as marcas Xerox®, Gillette® e Bom Bril®.

Por que isso acontece? Simplesmente porque essas palavras (marcas) viraram substantivos que associam imediatamente o produto à empresa que o produz e vice-versa. Assim, tratam-se de marcas extremamente valiosas, que exigem cuidados e um gerenciamento muito criterioso.

Além disso, podemos perceber que imediatamente após as três palavras foram inseridos símbolos. O símbolo ® significa que cada uma dessas palavras é uma marca registrada.

Mas o que significa uma marca registrada? Segundo Sampaio (1999, p. 220),

> Uma marca registrada significa que a empresa efetuou o registro junto a um órgão de proteção à propriedade intelectual, como o Inpi – Instituto Nacional de Propriedade Industrial, no caso do Brasil. [...], a "marca é hoje, o único valor intelectual que a legislação reconhece como sendo uma propriedade eterna".

Ou seja, uma marca é um tipo de propriedade (um ativo) de uma organização e, como qualquer ativo, deve ser gerenciada para possibilitar o retorno do investimento efetuado nela. Porém, se não houver proteção da marca, qualquer um pode utilizá-la e, com isso, prejudicar o desempenho do produto da organização no mercado.

Proteger a marca é uma das atribuições do *marketing* e a primeira proteção que se pode adotar é efetuar o registro da marca. Tal iniciativa visa garantir que ninguém possa utilizar de forma indevida algo que uma empresa levou anos para construir.

Não devemos esquecer que uma marca de prestígio (que conta com renome considerável), que apresenta notoriedade e tradição no mercado, deve receber algum tipo de proteção quanto à sua propriedade intelectual. A proteção existente é exatamente o registro da marca junto às agências governamentais responsáveis por fazê-lo. No Brasil, o registro é efetuado junto ao Instituto Nacional da Propriedade Industrial (Inpi), seguindo o disposto na Lei nº 9.279[10], de 14 de maio de 1996.

Além disso, caso a organização tenha atuação internacional, esta deve buscar proteger sua marca em cada um dos países em que estiver presente, nos organismos de proteção à propriedade intelectual existentes nesses países.

Além da proteção da marca, a organização deve se preocupar com a possibilidade de patentear suas embalagens e/ou rótulos, além de tudo o que permitir diferenciação competitiva à organização.

Embalagem e rótulos são dois elementos importantes para a administração do produto no mercado, uma vez que integram o produto em si, sendo fundamentais para a estratégia de comunicação com o mercado. É sobre isso que vamos discorrer a seguir.

[10] Para visualizar essa lei na íntegra, acesse: <http://www.planalto.gov.br/CCIVIL/Leis/L9279.htm>.

4.4 Embalagem e rotulagem

Como vimos, a marca deve informar os clientes/consumidores sobre o produto ("comunicando-se" com eles). Porém, a embalagem também possui essa função e, no ponto de venda, é o elemento fundamental para cumprir a tarefa de comunicar ao cliente/consumidor sobre o produto. Iremos analisá-lo mais detalhadamente na seção a seguir.

4.4.1 Embalagem

É de extrema relevância entendermos que as embalagens são os recipientes ou invólucros que são utilizados para embalar determinado produto. Isso significa que precisamos entender a(s) finalidade(s) da embalagem. A embalagem é uma preocupação antiga dos seres humanos, sobretudo quando nos referimos ao fato de protegermos um determinado produto (e essa é uma das funções da embalagem). Porém, para o *marketing*, a embalagem apresenta outra relevância. Segundo a Associação Brasileira de Embalagens (Abre, 2009),

> A embalagem tem a função primordial de proteção dos produtos demandados por todos nós. Esta proteção deve viabilizar a adequada distribuição dos mesmos, o prolongamento da sua vida útil e consequentemente a redução de perdas, o atendimento dos requisitos legais, bem como de segurança do consumidor. As embalagens que estão hoje no mercado já atendem aos quesitos de sustentabilidade como otimização de seu peso específico, possibilidade de reciclagem ou reaproveitamento de seu material, entre outros aspectos.

Podemos perceber que a embalagem é muito mais do que simplesmente um contenedor de um produto, embora ela tenha também a função de proteger os produtos. Ou seja, a embalagem é um invólucro ou um recipiente que é utilizado para embalar determinado produto, tendo por objetivo expô-lo no ponto de venda, além de protegê-lo de riscos, facilitando sua movimentação e seu transporte.

São vários os fatores que contribuíram para a valorização da embalagem na administração do produto, entre os quais podemos relacionar:

- **Crescimento do autosserviço**: Leva a embalagem a desempenhar muitas das atividades de vendas, como atrair a atenção do cliente, apresentar aspectos principais do produto, estabelecer confiança no cliente/consumidor, transmitir imagem favorável etc.
- **Imagem da organização**: A embalagem também contribui para o reconhecimento da organização. Uma embalagem forte e sólida transmite o conceito de solidez da organização.
- **Imagem da marca**: A embalagem também tem a função de auxiliar a construção dessa imagem. Por exemplo: a garrafa de Coca-Cola é imediatamente reconhecida em qualquer lugar (inclusive por quem apresenta deficiência visual).
- **Aumento do poder aquisitivo do cliente/consumidor**: Os clientes/consumidores estão cada dia mais dispostos a pagar mais pela conveniência, pela aparência, pela confiabilidade da marca e pelo prestígio que determinadas marcas (representadas pelas suas embalagens) conferem.
- **Oportunidade de inovação**: As embalagens inovadoras trazem benefícios para o cliente/consumidor e, como resultado, lucros para a organização, à medida que são utilizadas pelo mercado.

Diante disso, podemos compreender que uma embalagem envolve vários níveis, conforme a natureza do produto, podendo-se caracterizar esses níveis de várias formas (Sandhusen, 1998, p. 315):

- **Embalagem de apresentação**: Também chamada embalagem primária, é aquela que contém o produto em si e com a qual o cliente/consumidor toma contato no ponto de venda. Exemplo: lata de óleo de cozinha.
- **Embalagem de comercialização**: De fundamental importância para o gerente de produtos, uma vez que é formada por múltiplos da embalagem de apresentação, que será utilizada para as vendas do produto. Exemplo: caixa com uma dúzia de latas de óleo de cozinha.
- **Embalagem de movimentação**: É um tipo de embalagem na qual são agrupados múltiplos níveis das embalagens de comercialização

para facilitar sua movimentação e transporte. Exemplo: um palete com 20 caixas contendo 12 latas de óleo de cozinha cada.

Além dessa forma, existem outros tipos de embalagens (por exemplo, um contêiner), com outras finalidades. Porém, para o *marketing*, as embalagens mais significativas são as de apresentação e as de comercialização, uma vez que é com estas que o cliente/consumidor e o canal de distribuição tomam contato de alguma forma.

Dada essa diversidade, a embalagem exige um inter-relacionamento de diversas áreas da organização, uma vez que são vários os aspectos a serem considerados: as características dos produtos, os aspectos legais, a economia da embalagem, a automação comercial (código de barras), os aspectos ecológicos, a política comercial, as facilidades de armazenamento e de movimentação, entre outros.

Entendendo a embalagem como um conjunto de atividades relacionadas com o projeto e a produção do contenedor (recipiente que acondicionará um produto), podemos entender que o gerente de produtos deve acompanhar passo a passo o desenvolvimento da embalagem, assim como acompanha o desenvolvimento do produto. Não adianta ter um excelente produto em mãos em uma péssima embalagem. Muitos produtos já fracassaram no mercado porque suas embalagens eram fracas ou ruins.

Portanto, podemos relacionar algumas preocupações que o gerente de produtos deve ter em relação às embalagens (Sandhusen, 1998; Churchill; Peter, 2000):

- **Criar o "conceito da embalagem"**: Definir o que a embalagem efetivamente é e o que deve fazer pelo produto (protegê-lo, apresentá-lo, valorizá-lo etc.).
- **Segurança**: Pensar em mecanismos que garantam a integridade do produto (ex.: lacres) e do cliente/consumidor.
- **Testes de engenharia**: Visa assegurar a resistência da embalagem a todas as situações pelas quais a mesma vai passar (transporte, quedas, manuseio, movimentação etc.).
- **Testes visuais**: Visa garantir a visibilidade da utilização de cores e textos na embalagem.

- **Testes de consumo**: Para assegurar resposta favorável do mercado à embalagem e principalmente ao produto que ela conterá.
- **Necessidade de textos**: Informacionais, promocionais e para atender a exigências legais.
- Harmonia da embalagem em relação aos demais elementos do *mix* de *marketing*.
- **Ecologia**: A questão ambiental ocupa espaço relevante na mente dos clientes/consumidores, exigindo preocupação com as questões da reciclagem, retorno da embalagem ao processo produtivo etc.
- **Outras questões**: Como o tamanho, a forma, os materiais componentes da embalagem etc.

Paralelamente ao desenvolvimento da embalagem, o gerente de produtos deve se preocupar com a rotulagem, conforme veremos a seguir.

4.4.2 Rotulagem

Além da embalagem, os rótulos também são importantes para a administração dos produtos no mercado, exigindo cuidados por parte da gerência de produto.

É importante compreender que, segundo Churchill e Peter (2000, p. 277) os

> Rótulos podem dar suporte ao *marketing*, promovendo o produto e acrescentando valor para os clientes ao oferecer informações que os ajudem na seleção e uso do produto.
> Os rótulos auxiliam o esforço promocional da organização também ao chamar atenção para os produtos e seus benefícios. Se a promoção enfatiza certas características ou mensagens sobre a qualidade de um produto, elas podem ser reforçadas nos rótulos.

Assim, o rótulo nunca deve ser dissociado nem da embalagem nem da estratégia de comunicação da organização. Um rótulo pode ser definido como uma impressão adicionada à embalagem para indicar-lhe o conteúdo e, ainda, atender a eventuais exigências legais. Portanto, o rótulo possui algumas funções importantes: identificar o produto e/ou a marca, classificá-lo, descrevê-lo e, ainda, promovê-lo.

Em virtude de mudanças no comportamento dos clientes/consumidores e/ou por exigências legais, os rótulos devem ser permanentemente atualizados ou renovados.

Também para o canal de distribuição é importante que o gerente de produtos pense na rotulagem dos produtos, pois o código de barras (geralmente impresso no rótulo) é essencial para a automação comercial.

Dica prática

Rotulagem e embalagem dos produtos

Lembrar que, para produtos alimentícios, é necessário apresentar todas as informações sobre a composição e o conteúdo do produto, visando assegurar a saúde do consumidor.

Essas informações podem estar na própria embalagem ou em rótulos que se agregam à embalagem. Lembrar, ainda, que é necessário adicionar informações sobre o processo de produção, data de fabricação, número de lote, validade etc.

Por fim, lembrar que existem legislações específicas para diferentes tipos de produtos alimentícios.

A questão da informação contida nos rótulos é alvo de debates e discussões nos meios sociais, econômicos, políticos e legais. Por exemplo: a questão das embalagens de cigarros, que devem conter rótulos com mensagens determinadas pelo Ministério da Saúde (no Brasil e vários outros países). A informação de que um produto é *light* somente pode ser inserida no rótulo do produto se atender a critérios predefinidos pelos órgãos de saúde pública.

Diante disso, o rótulo deixou de ser um mecanismo de identificação de um produto para atender a necessidades mais amplas e abrangentes, de diferentes atores no processo econômico-social do ambiente do *marketing*.

Assim, o gerente de produtos deve estar atento à questão da rotulagem, uma vez que o rótulo se integra ao produto através da embalagem, e ao composto promocional da organização (o rótulo é fonte potencial de comunicação com o cliente/consumidor).

Uma vez que temos conhecimento dos diversos aspectos

inter-relacionados ao produto que complementam aquilo que estudamos nos capítulos anteriores, devemos compreender que administrar um produto no mercado é uma tarefa importante, exigindo do gerente de produtos a definição de estratégias competitivas, conforme veremos a seguir.

4.5 Estratégias competitivas sustentáveis do produto no mercado[11]

Diferentes autores (Churchill; Peter, 2000; Cobra, 1985; Kotler, 1998) tratam do tema *estratégia* para a competitividade. Assim, apresentamos uma breve síntese sobre o tema, recomendando aos interessados que se aprofundem nele a partir da leitura desses autores.

A definição de estratégias de produtos tem o objetivo de servir como orientação para a alocação de investimentos, além de possibilitar orientação para as demais áreas da organização na geração de vantagens competitivas, na criação de valor para os clientes, para a própria empresa e para os demais *stakeholders*[12]. As estratégias adotadas na administração dos produtos no mercado estão diretamente relacionadas ao ciclo de vida do produto, uma vez que cada estágio da vida do produto exigirá a adoção de uma estratégia diferente.

Nesta seção apresentaremos algumas estratégias possíveis de serem adotadas para garantir a competitividade dos produtos ao longo de sua vida no mercado, como a estratégia de penetração, de desenvolvimento (de mercado e de produto), de diversificação e de diferenciação.

A **estratégia de penetração** é relacionada a investimentos em produtos existentes no portfólio da organização e no mercado no qual ela já está presente. Essa estratégia se baseia em investimentos, em melhorias no produto, no esforço de comunicação de *marketing* e, ainda, no canal de distribuição. O objetivo é aumentar os ganhos de participação de mercado e gerar incrementos nas vendas. Quando a organização lança um novo produto em um mercado no qual já atua, como um óleo para cozinha para clientes que já compram extratos de tomate e temperos prontos da organização, tal iniciativa caracteriza uma estratégia de desenvolvimento. Essa estratégia exigirá, basicamente, investimentos relacionados com o lançamento do produto, sendo estes os de comunicação (propaganda) e

[11] Para você se aprofundar no assunto *estratégia competitiva*, recomendamos o livro *Estratégia competitiva – técnicas para análise de indústrias e da concorrência*, de Michael E. Porter, publicado pela Editora Campus.

[12] *Stakeholders* são o que podemos denominar de *público interessado na organização*, incluindo acionistas, ativistas, sindicatos, governos, associações etc.

de distribuição, também com o objetivo de acelerar ganhos de participação de mercado (*share*) e incremento nas vendas.

Outra estratégia pode ser a de **desenvolvimento de mercado pelo lançamento de um mesmo produto**. Essa estratégia se relaciona com a distribuição de produto já existente nos mercados em que a organização ainda não opera. Trata-se de conquistar novos clientes/consumidores para um mesmo produto, em áreas geográficas em que a organização ainda não atua. Um exemplo dessa estratégia pode ser a exportação para um país onde a organização não atua, lançando e distribuindo seu produto num mercado antes inexplorado. Ainda é possível adotar a estratégia de desenvolvimento de mercado pelo lançamento de novo produto em mercados nos quais a empresa já atua, como vimos no capítulo três, na seção 3.4.1.

A **estratégia de diversificação**, como o nome indica, significa que a organização diversifica sua linha de produtos, lançando novos produtos em mercados nos quais não possui atividades. Geralmente, essa estratégia é adotada quando os produtos da organização estão na fase da maturidade ou já em declínio e, com isso, já não proporcionam o necessário retorno à organização. É uma estratégia que implica profundas mudanças na organização, uma vez que exige, na maioria das vezes, novas tecnologias, novos processos produtivos e, ainda, novos canais de distribuição. Por exemplo: quando a organização fabrica produtos de higiene e limpeza e decide lançar produtos nutricionais para atletas.

Por fim, outra estratégia que pode ser adotada pela organização é a **estratégia de diferenciação**. É uma estratégia que tem a finalidade de desenvolver um conjunto de diferenças relevantes e que sejam valorizadas pelo cliente/consumidor para distinguir os produtos da organização daqueles oferecidos pela concorrência. Trata-se de estratégia que objetiva permitir ao produto atingir a liderança de mercado e, ainda, criar vantagem competitiva pela agregação de valor ao cliente/consumidor.

São cinco as possibilidades de se conseguir diferenciação, conforme veremos a seguir.

- **Diferenciação por preço**: Também chamada de *diferenciação por custo*, consiste na estratégia com a qual a organização pratica os preços mais baixos do mercado. Porém, essa estratégia somente pode ser adotada quando a organização conseguir uma real vantagem competitiva, que não possa ser copiada pela concorrência. Em geral, isso é possível quando a estrutura de custos da organização é bastante enxuta e é suportada por especificações exclusivas de seus produtos, por processos de produção diferenciados, por patentes, ou pelo estabelecimento de canais de distribuição de baixo custo operacional que não possam ser copiados.

- **Diferenciação por atributos e benefícios do produto**: É importante lembrarmos que o produto é um conjunto de características, vantagens e benefícios (o CVB, que vimos no primeiro capítulo), sendo que as características e vantagens são os atributos do produto; devemos lembrar, ainda, que os clientes/consumidores compram benefícios (o que o produto faz por eles). Assim, a diferenciação por atributos e benefícios exige o desenvolvimento de inovações baseadas em pesquisa de *marketing*, pesquisa e desenvolvimento de produtos e novas tecnologias que representem inovações que não possam ser copiadas pelos concorrentes ou, pelo menos, que somente possam ser copiadas muito tempo após o lançamento do produto no mercado.
- **Agregação de serviços**: Quando combinamos produto com serviços relevantes aos clientes/consumidores, temos a possibilidade de diferenciação. O importante é que os serviços oferecidos tenham um caráter de exclusividade, não podendo ser copiados pela concorrência. Geralmente essa estratégia é adotada quando o mercado no qual a organização atua é maduro e os produtos existentes não são facilmente diferenciáveis e, ainda, não existe possibilidade de inovações tecnológicas para o produto.
- **Canal de distribuição**: Essa estratégia somente pode ser adotada quando os produtos da organização são distribuídos por meio de canais exclusivos, impedindo sua utilização pela concorrência. Gera-se uma diferenciação pelo fato de que os clientes/consumidores sabem que naquele canal de distribuição somente encontrarão os produtos daquela determinada organização.
- **Imagem da marca**: Quando se consegue criar um posicionamento para a marca, com uma imagem diferenciada e valorizada, na mente do cliente/consumidor, certamente se obtém um diferencial competitivo importante e duradouro. Para isso, é fundamental

> que os investimentos em propaganda sejam bem feitos e que estejam em harmonia com os demais elementos do composto de *marketing*. Quando a diferenciação por atributos e benefícios é dificultada pela acirrada competição nos mercados, a imagem da marca pode ser a principal geradora de valor para os clientes e, como resultado, de vantagem competitiva para a organização.

Por fim, outra alternativa comentada quando tratamos da marca, consiste na garantia de uma qualidade elevada em todos os elementos do composto de *marketing*. Discorreremos sobre esse assunto a seguir.

4.6 Usando os conceitos de qualidade para gerar estratégia competitiva

Em um artigo que escrevi anos atrás, ressaltei o fato de que somente as organizações capazes de superar as expectativas dos seus clientes/consumidores, gerando diferenciais estratégicos competitivos que sejam significativos, é que terão sobrevida no mercado extremamente competitivo do século XXI.

É imperativo considerarmos o fato de que as necessidades e expectativas dos clientes/consumidores são dinâmicas e, por isso, as organizações necessitam renovar e inovar constantemente para acompanharem esse dinamismo, se possível, antecipando-se às modificações nas necessidades e expectativas do mercado para, superando-as, angariar clientes/consumidores fiéis/cativos pelos produtos e/ou serviços da organização. Tais clientes/consumidores fiéis/cativos não estarão dispostos a trocar de produto ou de fornecedor.

São muitas as possibilidades para superar as expectativas dos clientes/consumidores e, como exemplo, relacionamos algumas delas (Razzolini Filho, 1999):

- Partir das concepções de qualidade do consumidor (aliando-se a elas, não indo contra). Trata-se de buscar conhecer as metas do consumidor, buscando satisfazê-las, separando-as das metas da empresa. Devemos lembrar que o consumidor possui seus próprios conceitos de qualidade (conforme demonstra nossa pesquisa) e a empresa que ousar desafiá-los certamente enfrentará dificuldades.

- Introduzir a visão de cliente, ou seja, agir de forma a atingir também os potenciais consumidores ou usuários do produto/serviço da empresa. Nos anos 1960, a visão era a de satisfazer às necessidades dos clientes. Sem dúvida, essa visão continua válida, porém, também devemos dar atenção às preferências, aos gostos e às conveniências do cliente, ou seja, devemos dar um atendimento integral ao cliente, sob a ótica dele, não da empresa.
- Buscar prover produtos/serviços cujas características os diferenciem em relação aos produtos concorrentes ou similares, de forma que os serviços agregados ao produto físico representem um "algo mais" para o cliente, encantando-o. É necessário que se crie um novo conceito do que faz a empresa, a qualidade deve ser vista como política e norma de funcionamento.
- Proporcionar **soluções** em vez de produtos ou serviços (as pessoas compram a solução para seu resfriado, por exemplo, não um antigripal). As empresas devem possuir uma visão estratégica, tendo em mente que o consumidor sempre sabe o que quer, mas, na maioria das vezes, ele também quer o que não sabe, cabendo à organização antecipar-se nesse sentido.
- Construir relações de confiança com consumidores, clientes e com a comunidade que a empresa serve. A postura estratégica é a de que a empresa deve minimizar toda e qualquer perda eventualmente imposta à sociedade, seja através de seu processo produtivo, de suas matérias-primas, embalagens etc. O ideal é que o produto/serviço da empresa não venha a causar danos à sociedade como um todo.
- Ter mais amor aos consumidores e clientes e menos amor aos produtos. Trata-se de um posicionamento estratégico claro: os produtos/serviços podem ser substituídos, renovados, alterados para atenderem aos consumidores. Porém, consumidores não são facilmente substituídos, renovados ou alterados para comprarem os produtos/serviços da empresa.

Superando as expectativas dos clientes/consumidores, as organizações poderão definir estratégias que permitam conquistar maior participação de mercado e, com isso, mais clientes/consumidores para seus produtos e/ou serviços, fazendo com que as relações desses clientes/consumidores com a organização sejam mais duradouras e, com isso, mais lucrativas.

Dica prática

Nunca se esqueça de gerenciar a qualidade em todos os aspectos: do produto, dos processos de comercialização, da distribuição, da propaganda etc.

Síntese

Este capítulo representa a essência da atividade do gerente de produtos, uma vez que é sua responsabilidade a administração do produto no mercado. Porém, como o livro todo trata da gerência de produto, neste capítulo vimos alguns aspectos complementares e fundamentais para o seu gerenciamento adequado e eficaz.

Estudamos o conceito de linha de produtos e empreendemos uma análise de seu significado mais amplo, uma vez que as linhas de produtos, somadas, representam o portfólio de produtos da organização.

Observamos os processos de extensão, ampliação, complementação, modernização e exclusão de um produto de uma dada linha de produção. Compreendemos que é possível complementar uma linha de produtos para agregar novos produtos que permitam conquistar maior participação no mercado. Também aprendemos que, às vezes, a organização deve modernizar os seus produtos para atender ao dinamismo existente no mercado e evitar que os concorrentes se antecipem a esse movimento.

Na sequência, vimos o papel da criação de uma marca para fortalecer o produto, uma vez que a marca é o seu símbolo, podendo possuir até quatro níveis de significados (os benefícios, os atributos, os valores e a personalidade), de tal forma que o cliente cria um "relacionamento" com a marca. Aprendemos que a marca pode caracterizar-se como um importante diferencial competitivo para o produto da organização, exigindo muita atenção e envolvimento por parte do gerente de produtos.

Analisamos os aspectos das embalagens e dos rótulos, compreendendo que o papel da embalagem vai muito além de conter o produto. A embalagem pode ser denominada como o *último vendedor silencioso* da organização, o último apelo de venda que o cliente recebe no ponto de venda.

Na sequência, elencamos estratégias que podem ser adotadas para garantir a sustentação do produto no mercado de forma competitiva. Cada uma das estratégias analisadas apresenta vantagens à organização, devendo ser utilizadas conforme o estágio do ciclo de vida no qual o produto se encontrar em cada momento.

Finalizando, vimos que uma possibilidade estratégica é garantir qualidade aos produtos/serviços da organização, uma vez que eles serão mais bem aceitos pelos clientes/consumidores e, ainda, quando uma organização consegue harmonizar a qualidade do produto com os demais elementos do composto de *marketing*, sustentando essa postura ao longo do tempo, certamente conseguirá atrair e reter clientes fidelizados.

Questões para revisão

1» O que é uma linha de produtos?
2» O que é marca? Como protegê-la?
3» De que forma o rótulo pode agregar valor aos clientes?
4» O que é uma estratégia de penetração de mercado?
5» Quais os tipos de estratégia de diferenciação que podem ser adotados pelo gerente de produtos? A que elas se relacionam?

Questões para reflexão

1» Por que linhas de produtos podem compartilhar canais de distribuição?
2» Suponha que você foi contratado para ser o gerente de produtos de uma empresa que fabrica malas para viagens. A empresa produz apenas malas (de diferentes tamanhos). O que você faria para ampliar a linha de produtos, caso a empresa tivesse capacidade produtiva e gerencial para tanto?

3» Suponha que você é o gerente de produtos de uma empresa que decide atuar em um novo mercado em outro país. Qual seria uma das primeiras providências que você tomaria para introduzir seus produtos nesse novo mercado?

Para saber mais

FOLETTO, Marcelo. **Administração de produtos**: o desafio. 11 out. 2007. Disponível em: <http://www.colunadonene.com.br/opiniao.php?id=1974>. Acesso em: 3 nov. 2009.

Trata-se de um *site* com notícias e assuntos diversos de *marketing*, permitindo atualização constante sobre o que acontece no mundo dos negócios e do *marketing*.

LUCIO JUNIOR, Nori. **Gerenciamento de produtos e portfólio**. 8 out. 2007. Disponível em: <http://www.portaldomarketing.com.br/Artigos/Gerenciamento_de_Produtos_e_Portfolio.htm>. Acesso em: 3 nov. 2009.

Trata-se de um texto bem elaborado que sintetiza os conceitos sobre a administração de produtos no mercado. O artigo está inserido no sítio Portal do *Marketing*, que conta com diversos artigos, vídeos e outros materiais interessantes para se aprofundar em diferentes temas.

Para concluir

Chegar ao final de um livro, por mais simples que seja, é sempre uma tarefa árdua e desafiadora. Porém, acreditamos ter conseguido cumprir o objetivo ao qual nos propusemos quando iniciamos a obra: oferecer um livro diferente de tudo o que existe no mercado editorial, seja pela forma, seja pela apresentação dos conteúdos.

Diferente não significa, necessariamente, melhor. Porque não era esse o objetivo. Porém, significa que foram abordados conteúdos comuns e conhecidos de uma forma nova. Nesse tocante, acreditamos ter tido êxito. Começamos por estabelecer uma linguagem de fácil compreensão para o leitor (seja ele conhecedor de *marketing* ou não), sugerindo um melhor aproveitamento dos conteúdos apresentados no livro.

Começamos definindo o que é uma gerência de produto, suas atividades, interfaces com outras áreas, subordinação, competências necessárias etc. Ou seja, vimos que o gerente de produtos (ou de mercado) é a pessoa responsável por gerir a vida do produto, desde sua concepção até sua retirada do mercado, fazendo as necessárias inter-relações com as demais áreas da organização, subordinando-se à gerência de *marketing*.

Estabelecemos um conceito de produto (toda e qualquer coisa que alguém queira vender e que alguém esteja disposto a comprar), para uniformizar a linguagem a ser utilizada no livro. Também realizamos uma classificação dos produtos (de consumo e industriais) para demonstrar os diferentes tipos a serem gerenciados. Com isso, estabelecemos, no capítulo um, as bases conceituais que nortearam o desenvolvimento do livro.

No segundo capítulo, trabalhamos o chamado *composto de produto*, que é o primeiro dos quatro Ps do *marketing*, enfatizando a necessidade de se iniciar o planejamento de produtos no mercado a partir do planejamento estratégico da organização, bem como aplicar o planejamento à elaboração de produtos, com as diferentes etapas que tal iniciativa implica. Também trabalhamos os conceitos do ciclo de vida do produto, de forma a permitir a identificação de estratégias a serem adotadas em cada uma das fases (ou estágios) do ciclo de vida. Verificamos algumas estratégias para manutenção do produto no mercado e, ainda, algumas estratégias para inovações em produtos para garantir a competitividade à organização. Observamos como é o processo de criação de novos produtos e sua importância para a sobrevivência organizacional ao longo do tempo. No estudo do ciclo de vida do produto, aprendemos como é possível, e em que casos se aplica, prolongar a vida do produto no mercado, uma vez que, às vezes, por motivos econômicos, pode ser útil para a organização mantê-lo no mercado. Também compreendemos o que são e como se definem os objetivos e as diretrizes para os produtos.

O terceiro capítulo tratou do desenvolvimento do produto, que compreende as etapas de geração e triagem de novas ideias, que devem surgir de observação constante do mercado, por parte do gerente de produtos, das pesquisas específicas, do desenvolvimento e do teste do conceito de produto, que deve ser sempre realizado por equipes multidisciplinares, cabendo ao gerente de produtos o papel coordenador nesse processo. Esse capítulo destacou o desenvolvimento e o teste de protótipo, sendo o desenvolvimento em conjunto com a área da engenharia de produção e os testes efetuados junto ao mercado alvo da organização. O desenvolvimento das estratégias e programas de *marketing* foi igualmente frisado, pois, uma vez que se tenha o produto testado e aprovado, devem ser pensadas as estratégias a serem seguidas para seu sucesso no mercado. Vimos na sequência o desenvolvimento final do produto, novamente em conjunto com a área de engenharia, envolvendo os fornecedores e o canal de distribuição, bem como o teste de mercado – a "prova final" à qual o produto será submetido, em condições reais de sua comercialização. Na sequência, descrevemos o processo de lançamento no mercado, quando o produto receberá todo o suporte promocional necessário, visando conquistar o sucesso e, finalmente, o monitoramento dos resultados, que é a atividade de controle a ser exercida pelo gerente de produtos para efetuar a tempo eventuais modificações no composto de *marketing* para sustentar o produto no mercado. Por fim, quando o produto já está na fase de crescimento, é o momento de colocá-lo em um processo de produção em série, quando ele se integra definitivamente ao portfólio de produtos da organização.

Finalmente, o último capítulo tratou de mais alguns aspectos relevantes à gerência de produtos, dentro do que se convenciona chamar *administração do produto*. Assim, estudamos o conceito de linha de produtos e destacamos as principais decisões a serem tomadas em relação às linhas de produtos. Tais decisões dizem respeito à análise da linha de produtos (buscando conhecer seus pontos fortes e fracos, os produtos mais rentáveis e os menos rentáveis, como os consumidores reagem aos produtos etc.). Descrevemos os processos de extensão da linha de produtos, que é uma demanda da força de vendas ou do canal de distribuição, com a finalidade de aprimorar o atendimento aos clientes/consumidores com mais produtos disponíveis; de ampliação de linha, que se dá quando a organização resolve colocar seus produtos em outros mercados (para baixo, para cima ou em ambas as direções); de complementação de linha, quando a organização decide incluir novos produtos que complementem sua atuação no mercado; de modernização de linha, necessidade constatada quando os produtos estão envelhecidos ou em declínio, e de exclusão de linha, quando não é mais possível recuperar um produto que apresenta faturamento declinante e com margens de contribuição, muitas vezes, negativas.

Depois, tratamos da questão da criação de marcas, esse ativo tão valioso para as organizações. Vimos os processos legais referentes à sua proteção e, ainda, estudamos o papel da embalagem e dos rótulos para agregar valor aos produtos.

Finalizamos o livro analisando algumas estratégias competitivas para sustentar o produto (ou as linhas de produtos) no mercado, uma vez que ele é dinâmico e exige atualização constante por parte das organizações. Assim, mudanças de estratégias são sempre necessárias para quem quiser sobreviver no mercado. Na sequência, tratamos da questão da garantia da qualidade como um importante diferencial competitivo para as estratégias de gerenciamento de produto.

Esperamos que a leitura do livro seja tão agradável quanto foi escrevê-lo.

Estudo de caso

A fazenda São Pedro

Introdução

A decisão de crescer para qualquer empresa pode parecer, muitas vezes, uma decisão mais fácil do realmente é.

Existe um momento na vida de uma instituição comercial que obtém sucesso em seus primeiros anos de existência, em que uma parada estratégica é necessária para se pensar o que deve ser feito: crescer ou não.

Se a decisão é crescer, a dúvida é como.

Para uma empresa familiar, ou seja, fundada e movida até então por compromissos não só empresariais, mas também familiares, a decisão a ser tomada torna-se mais difícil ainda. Em uma empresa familiar, a tomada de decisão não envolve apenas o crescimento e seu desenho estratégico, mas também em que grau este crescimento irá envolver a gestão que vem sendo realizada por parte da família. Muitas vezes, crescer pode significar ter que se trocarem componentes desta família, que sempre ocuparam cargos de gestão na empresa, por profissionais contratados diretamente do mercado.

O crescimento de uma empresa na região de Ribeirão Preto, por mais que esta região seja uma das mais ricas do país, está limitado ao tamanho do segmento de mercado em que atua a empresa. Se o canal principal de venda dos produtos, como é o caso da Fazenda São Pedro, for o varejo, as vendas dependerão do aumento de demanda local para seu crescimento.

De acordo com o tipo de produto o aumento de sua demanda não se dará apenas pelo crescimento de consumo per capita, sendo necessária a expansão para além da região, no caso da cidade de Ribeirão Preto, para se buscar a expansão do negócio.

É o caso de sucos prontos para beber. Estes produtos são vendidos quase que exclusivamente através do canal varejo.

O mercado de sucos prontos para beber no Brasil tem crescido de forma vertiginosa nos últimos anos.

Parece que o consumidor brasileiro descobriu no suco pronto para beber a saída para matar sua sede com saúde.

Grandes empresas multinacionais vêem investindo pesado neste mercado, após o grande sucesso em nosso país da mexicana Del Valle.

A Coca-Cola, empresa norte-americana, conhecida mundialmente por vender o refrigerante mais consumido no mundo, adquiriu os Sucos Mais e está apostando neste novo segmento. Outro exemplo é a Unilever, que criou o suco Ades, à base de soja.

Estes importantes *players* veem investindo tempo, tecnologia e muita verba de *marketing* para se estabelecerem neste novo mercado ainda em expansão.

Se quiser crescer, uma empresa familiar, como é o caso da Fazenda São Pedro, terá que deixar o "berço esplêndido" da sua região de origem – Ribeirão Preto – e entrar em uma briga de gigantes em um mercado como o da Grande São Paulo. "Berço esplêndido" em Ribeirão Preto porque é premissa aqui neste caso o grande sucesso dos sucos prontos da Fazenda São Pedro naquela cidade e região.

Este sucesso é um grande problema para as grandes multinacionais que terão uma importante barreira de entrada para superar e conquistar o mercado daquela região.

Entretanto, o foco deste caso é o estudo do crescimento da Fazenda São Pedro.

A fazenda São Pedro

A Fazenda São Pedro é uma tradicional fazenda do interior paulista e está localizada no município de Sertãozinho, na região de Ribeirão Preto. A fazenda tem 800 alqueires paulistas (1.936 hectares) de extensão territorial.

Um tamanho acima da média das propriedades da região.

Trata-se de uma fazenda tradicional que pertence à família Azevedo desde as primeiras décadas do século XX. Já passou por um período de destacada prosperidade nos tempos do café e, hoje, é uma propriedade modelo na região e em todo país pela sua alta produtividade em várias culturas. Além do gado de corte e leite, que ocupa quase 30% do espaço físico da fazenda, são plantadas culturas rotativas como soja, amendoim, milho, arroz etc. Entretanto, esta fazenda é exceção na região por não ter optado pela (mono) cultura da cana, como fez a maciça maioria das propriedades à sua volta. Seus proprietários escolheram como principal cultura a laranja, que já teve seu período de alta prosperidade no Brasil.

Período este que, segundo especialistas, não deverá voltar. O alto investimento em tecnologia realizado pelos grandes concorrentes internacionais do Brasil (principalmente os EUA) e a criação de um oligopólio na compra do fruto para a transformação em suco não permitirão um aumento no valor da caixa colhida da laranja (unidade de medida para a venda desta cultura).

O valor que está sendo praticado hoje pelo mercado traz uma margem extremamente pequena e, por vezes, inviabilizadora para os seus médios e pequenos produtores. Com isto, a grande maioria que plantava laranja na região de Ribeirão Preto, planta hoje cana-de-açúcar para vender às usinas de álcool.

Para compensar o baixo preço pago pelas empresas produtoras de suco, os proprietários da Fazenda São Pedro resolveram investir em um novo negócio: a venda no varejo de suco de laranja pronto para beber, ao invés de partirem para a cana-de-açúcar.

Esta decisão não foi fácil de ser tomada, pois vender sucos prontos para beber significou para a Fazenda São Pedro uma integração vertical, ou seja, de produtora de laranja passou a ser também fábrica de suco.

A Fazenda São Pedro foi herdada nos anos 60, após o falecimento do Sr. Fernando Azevedo, por Oswaldo Azevedo, seu filho. Fernando transformou a propriedade em uma das mais conhecidas no Brasil e no mundo durante a incrível época do café.

Esta fazenda chegou a ser visitada até pelo presidente Getúlio Vargas em seu último mandato, motivo de muito orgulho e assunto preferido nas "prosas" do Sr. Fernando. Oswaldo Azevedo tem dois filhos: João e José. José, mais velho, optou por estudar na própria região onde nasceu para não ficar longe da fazenda e, principalmente, da família.

Desde pequeno trabalhou com o pai na propriedade e aprendeu todos os segredos de como administrar bem uma fazenda.

Segredos que Oswaldo tinha aprendido com Sr. Fernando. José formou-se em Administração de Empresas em Ribeirão Preto e logo assumiu a administração financeira dos negócios.

João, 3 anos mais novo que o irmão, sempre foi visto pela sua mãe como "um grande sonhador". Adorava a fazenda e, principalmente, os cavalos. Deu muito "trabalho" para seus pais quando pequeno. Ao contrário do irmão, João foi estudar em São Paulo.

Optou por Administração de Empresas, mas seu negócio era a área comercial. Verdadeiramente se divertia trabalhando na área. Formou-se e depois trabalhou em muitas empresas multinacionais e nacionais de grande porte na região de São Paulo.

Entretanto, casou-se com uma riberião-pretana que sonhava morar mais próximo de seus pais, que ainda estavam na cidade de origem.

João voltou para a região e foi trabalhar com o pai e com o irmão na Fazenda São Pedro.

Na segunda metade dos anos 90, o Sr. Oswaldo e seus dois filhos precisavam decidir se desistiam da laranja, que tanto retorno deu a eles e que, ecologicamente, acreditavam ser melhor que a cultura predominante e com maior perspectiva de retorno: a cana.

Sr. Oswaldo precisou fazer um papel de moderador entre os filhos, já que José estava radicalmente a favor da migração para a cana, inclusive com planos de ocupar a fazenda com mais da metade de sua extensão com esta cultura.

Por outro lado, João defendia com todos seus argumentos práticos e filosóficos a manutenção da laranja em detrimento da cana-de-açúcar.

A decisão foi difícil de ser tomada.

José apenas recuou seu ponto de vista quando João, após trabalhar intensamente durante dias e noites, apresentou ao pai e ao irmão um grande plano de integração vertical da fazenda.

Em seu plano, a Fazenda São Pedro se tornaria uma fabricante de suco de laranja pronto para beber.

O produto seria vendido nos principais canais de varejo da região.

Fazia parte também do plano de João a criação de uma marca forte, símbolo de suco natural: a Fazenda São Pedro.

Em 1995, foi lançado através de um grande evento na cidade de Ribeirão Preto o produto Suco de Laranja pronto para beber da marca Fazenda São Pedro.

O suco foi vendido inicialmente em caixas do tipo "tetrapack" nos tamanhos 1 e 2 litros.

O sucesso não demorou muito para chegar à Fazenda São Pedro.

No primeiro ano, 1995, o suco Fazenda São Pedro já ocupava lugar de destaque nas gôndolas refrigeradas dos principais supermercados da região.

A Fazenda São Pedro abriu, por necessidade, um grande escritório comercial na cidade de Ribeirão Preto e João para lá se deslocou.

José preferiu continuar na fazenda já que lá foi instalada a fábrica de sucos.

O investimento foi alto, mas o retorno foi acima do esperado.

Assim formou-se a marca Fazenda São Pedro, que se tornou líder absoluta na venda de sucos de laranja prontos para beber na região de Ribeirão Preto.

Grandes *players* como Del Valle, Sucos Mais e Ades vêm tentando entrar de forma mais definitiva na região, mas seus volumes de venda são insignificantes perto dos volumes comercializados pela Fazenda São Pedro.

Mesmo outros sabores como pêssego, morango, manga e goiaba não atraem os consumidores da região que têm grande preferência pelo suco de laranja da marca Fazenda São Pedro.

Entretanto, João vem estudando profundamente o mercado e acredita que para crescer ou até mesmo para sobreviver, a Fazenda São Pedro precisará expandir-se para além das fronteiras da região.

Ele chega a afirmar que a Fazenda São Pedro para sobreviver no mercado não poderá mais se contentar com a região, pois os grandes *players* têm investido demais em ações de *marketing* buscando o estabelecimento por lá.

Segundo ele, a opção é crescer ou vender a Fazenda São Pedro à Unilever, que já se mostrou interessada.

A opção de vender nem passa pela cabeça de João, José e Sr. Oswaldo.

Esta opção deve ser desconsiderada.

José não está convencido da necessidade de crescimento da Fazenda São Pedro através da expansão para outra região.

Acredita que com uma maior eficiência nos processos produtivos e uma diminuição nos custos variáveis da empresa, os bons resultados irão se manter por muito tempo.

Acredita que expandir, apesar da empresa ter caixa para isto, será um investimento de risco muito grande e que irá tirar o "*core*" da empresa que é vender suco de laranja na região de Ribeirão Preto.

Mais uma vez, Sr. Oswaldo está diante de um impasse estratégico.

Tem duas linhas de raciocínio bem diferentes e precisa de apoio para tomar a decisão correta, já que seu papel tem sido durante todos estes anos de moderador entre os excelentes executivos que são seus filhos.

A dúvida

Sr. Oswaldo precisa tomar uma decisão.

Coube a ele como presidente da empresa decidir entre o que propõe João, crescer e comercializar o suco Fazenda São Pedro em outra região além de Ribeirão Preto, e o que sugere José, não crescer mantendo-se produtivamente eficiente e com custos controlados para manter a margem sempre favorável.

Abaixo temos os pensamentos estratégicos de cada filho com maiores detalhes, já que ambos embasaram muito seus pontos de vista antes de apresentar ao pai.

O plano apresentado por João necessita de um investimento financeiro maior que o de José, mas a empresa possui caixa suficiente para a execução dos dois planos.

As posições estratégicas de cada filho

O pensamento estratégico de cada filho é:

1 – *João*

Para João, a marca Fazenda São Pedro só tem um caminho a seguir: o crescimento através da expansão da sua capacidade de produção e a comercialização do suco de laranja pronto para beber Fazenda São Pedro na região da Grande São Paulo.

A expansão da capacidade de produção poderia se dar, segundo o diretor comercial, através de algumas diferentes alternativas: simples crescimento da capacidade de produção através do aumento de máquinas e número de funcionários, terceirização da produção do suco a ser vendido em uma planta mais próxima à nova região e mudança tecnológica na planta de Sertãozinho para buscar mais capacidade e eventuais melhorias técnicas no suco.

João prefere a última alternativa, pois esta propiciaria mudanças técnicas no produto, que ele acredita serem necessárias. Mudanças na embalagem e na composição do suco.

A região da Grande São Paulo foi escolhida por ser uma área com um excelente poder aquisitivo e por sua proximidade física com Ribeirão Preto.

A ideia de João é comercializar o produto nesta região através dos mesmos canais que utiliza em Ribeirão Preto – supermercados – e através de um novo canal: entrega domiciliar.

A ideia é contatar pequenos distribuidores locais para fazerem à distribuição de sucos diariamente na casa dos clientes cadastrados. Estes pagariam mensalmente a compra.

Além disso, o executivo da área comercial da Fazenda São Pedro apresentou um plano de comunicação integrada para o lançamento do produto na nova região.

Este plano contempla um grande evento de lançamento; propaganda nos meios rádio, jornal e revista; assessoria de imprensa; promoção de vendas, *merchandising* e internet.

O plano de João também inclui a abertura de um novo escritório da empresa na cidade de São Paulo e a contratação de um diretor, dois gerentes e quatro assistentes para este novo escritório.

2 – José

Para José, o que foi apresentado por João não passa de uma ideia que irá colocar tudo o que foi construído pela Fazenda São Pedro em risco.

Segundo seu pensamento, não seria bom negócio para a Fazenda São Pedro sair dos seus limites de atuação: a região de Ribeirão Preto.

Nesta região a marca é conhecida e está "em casa", principalmente no que diz respeito às negociações com os principais supermercados que atuam por lá. Mesmo os de marcas multinacionais priorizam em suas negociações o suco Fazenda São Pedro, por saberem que é só colocar o produto na gôndola que ele irá girar.

José apresentou um plano de melhoria na eficiência da fábrica e um outro de redução de custos.

No plano de melhoria da eficiência da fábrica, José expôs a necessidade da compra de novas máquinas para substituírem as antigas.

Esta mudança não provocaria aumento de produtividade, mas baixaria custos pela melhor utilização da matéria-prima e pela necessidade de menos operários, além de uma significativa melhoria no controle da produção.

O plano de redução de custos envolveria não só a fábrica com a demissão de alguns operários, mas também uma mudança na estrutura comercial com a demissão de alguns gerentes de vendas com salários altos e a contratação, para seus lugares, de profissionais mais jovens com salários iniciais menores.

Fonte: Matta, 2006.

Referências

ABRE – Associação Brasileira de Embalagens. **O que é embalagem sustentável**. Disponível em: <http://www.abre.org.br/meio_ambiente.php>. Acesso em: 8 jul. 2009.

BELL, M. L. **Marketing**: concepts and strategy. 3rd. ed. Boston: Houghton Mifflin, 1979.

BRASIL. Lei n. 9.279, de 14 de maio de 1996. **Diário Oicial da União, Brasília**, DF, 15 maio 1996. Disponível em <http://www.planalto.gov.br/CCIVIL/Leis/L9279.htm>. Acesso em 8 jul. 2009.

CHURCHILL, G. A.; PETER, J. P. **Marketing**: criando valor para o cliente. São Paulo: Saraiva, 2000.

COBRA, M. H. N. **Marketing básico**: uma perspectiva brasileira. 3. ed. São Paulo: Atlas, 1985.

COCAMAR – Cooperativa Agroindustrial. Disponível em: <http://www.cocamar.com.br/Portal/>. Acesso em: 12 ago. 2009.

COLUNA DO NENÊ. **Detalhes tão grandes**. 30 out. 2009. Disponível em: <http://www.colunadonene.com.br/noticias.php?pag_ini=626>. Acesso em: 1 nov. 2009.

COPELAND, M. T. Relation of consumers buying habits to marketing methods. **Harvard Business Review**, Boston, v. 1, n. 3, p. 282–289, may/june, 1923.

CORRÊA, H, L,; CORRÊA, C, A. **Administração de produção e operações**: manufatura e serviços – uma abordagem estratégica. São Paulo: Atlas, 2004.

DAMIANI, J. H. de S. **Embraer**: a nova face da gerência de produtos – o projeto do avião ERJ-170 na Embraer. Exemplo de desenvolvimento de projetos em uma empresa de alta tecnologia em plena era da globalização. Case. set. 2000. Disponível em: <http://pessoal.utfpr.edu.br/anacristina/arquivos/Embraer.pdf>. Acesso em: 6 ago. 2009.

DIAS, S. R. (Coord.). **Gestão de marketing**. São Paulo: Saraiva, 2003.

EUROPA – SÍNTESES DA LEGISLAÇÃO DA UE. **Rotulagem e embalagem dos produtos**. Disponível em: <http://europa.eu/legislation_summaries/consumers/product_labelling_and_packaging/index_pt.htm>. Acesso em: 15 out. 2009.

GAITHER, N.; FRAZIER, G. **Administração da produção e operações**. 8. ed. São Paulo: Pioneira Thomson Learning, 2001.

HIPPEL, E. von. **Democratizing innovation**. Cambridge: MIT Press, 2005.

KOTLER, P. **Administração de marketing**: análise, planejamento e controle. São Paulo: Atlas, 1980. v. 2.

_____. **Administração de marketing**. 5. ed. São Paulo: Atlas, 1998.

IN BRAZIL. **Marcação CE – Diretrizes da União Europeia para segurança de produtos.** Disponível em: <http://www.br.sgs.com/pt_br/home_br_v2>. Acesso em: 4 ago. 2009

INOVAÇÃO TECNOLÓGICA. **Protótipos de satélites brasileiros são testados na China.** Disponível em: <http://www.inovacaotecnologica.com.br/noticias/noticia.php?artigo=prototipos-de-satelites-brasileiros-sao-testados-na-china&id=>. Acesso em: 3 mar. 2009.

LEHMANN, D.; WINER, R. S. **Product management.** New York: McGraw-Hill, 1997.

MATTA, J. O. S. **Crescer ou não crescer, eis a questão.** 2006. Disponível em: <http://www.conexaorh.com.br/SucosSaoPedro.pdf>. Acesso em: 16 out. 2009.

McCARTHY, J. **Marketing.** Rio de Janeiro: Campus, 1982.

MIGUEL, P. A. C. Implementação da gestão de portfólio de novos produtos: um estudo de caso. **Produção,** v. 18, n. 2, p. 388-404, maio/ago. 2008. Disponível em: <http://www.scielo.br/pdf/prod/v18n2/14.pdf>. Acesso em: 2 abr. 2009.

NOITES – Logo e Web design. **Embalagem/rotulagem.** Disponível em: <http://www.noites.eu/Embalagem_%10_Rotulagem/>. Acesso em: 29 out. 2009.

OSBORN, A. F. **Applied imagination.** 1st ed. New York: Charles Scribner's Sons, 1953.

PDPNET – Ambiente de Compartilhamento de Conhecimentos em Desenvolvimento de Produtos. **Modelo unificado do processo de desenvolvimento do produto.** 2009. Disponível em: <http://www.pdp.org.br/ModeloLivroWeb/modelo/fases/fase7/fase7.htm>. Acesso em: 21 set. 2009.

POPCORN, F. **O Relatório Popcorn** – centenas de ideias de novos produtos, empreendimentos e novos mercados. Rio de Janeiro: Campus, 1993.

PORter, M. E. **Estratégia Competitiva**: técnicas para análise de indústrias e da concorrência. Rio de Janeiro: Campus, 1991.

RAZZOLINI FILHO, E. Entenda qual é a visão do consumidor. **Banas Qualidade**, São Paulo, p. 80-86, 1 out. 1999.

RIES, A.; TROUT, J. **Marketing de guerra**. São Paulo: McGraw-Hill, 1986.

SAMPAIO, R. **Propaganda de A a Z**: como usar a propaganda para construir marcas e empresas de sucesso. 2. ed. Rio de Janeiro: Campus – ABP, 1999.

SANDHUSEN, R. **Marketing básico**. São Paulo: Saraiva, 1998.

SUH, N. P. **The principles of design**. New York: Oxford University Press, 1990. Acesso em: 8 ago. 2009.

3M DO BRASIL LTDA. **Quem somos? Uma companhia de tecnologia global e diversificada**. 2009. Disponível em: <http://solutions.3m.com.br/wps/portal/3M/pt_BR/about3M/information/about/us/>.

UNIVERSIA – Rede de Universidades, Rede de oportunidade. **Desenvolvimento de novos produtos**. 2009. Disponível em: <http://www.universia.com.br/MIT/15/15810/pdf/15.810_Desenvolvimento.pdf>. Acesso em: 4 ago. 2009.

WIND, Y. **Product policy**: concepts, methods and strategy. Reading. Massachusetts: Addison-Wesley Publishing, 1982.

Respostas

Capítulo 1

Questões para revisão

1) Padrão de resposta esperado: O produto pode ser entendido como um conjunto de utilidades que se oferecem a determinados compradores para satisfação de suas necessidades e desejos. Ou, ainda, produto consiste em qualquer coisa que alguém possa desejar vender e que alguém esteja disposto a comprar.

2) Padrão de resposta esperado: Os produtos de consumo de massa são também chamados de produtos de conveniência. São produtos que não exigem grande esforço de compra por parte do cliente e, portanto, devem ser disponibilizados no

maior número de pontos de venda possível para gerar a necessária conveniência ao cliente.
São exemplos: cigarros, pães, balas, chocolates, refrigerantes e bebidas em geral, jornais e revistas, lavagem de veículos etc.

3) Padrão de resposta esperado: Um produto genérico é a soma do produto tangível com o produto ampliado, adicionado das expectativas do cliente em relação ao produto. Ou seja, o produto genérico é tudo aquilo que o cliente espera obter do produto.

4) Padrão de resposta esperado: Existem diferentes formas de se classificar os produtos. Porém, as mais comuns são relacionadas com a durabilidade (duráveis e não duráveis) e, ainda, conforme o comportamento de compra dos clientes. A classificação mais comum é a divisão dos produtos em produtos de consumo e produtos industriais.

5) Padrão de resposta esperado: Os clientes que demonstram um padrão de comportamento mais semelhante são os clientes ou usuários industriais, pois seus comportamentos são muito semelhantes na forma como tomam decisões de compra de produtos similares. Isso acontece devido ao comportamento psicológico de tais clientes que se relaciona mais ao resultado (relação custo-benefício).

Questões para reflexão

1) Espera-se que o aluno responda que sim, pois a informação é fundamental para um processo de planejamento eficiente em qualquer área organizacional.

2) O aluno tem liberdade para dizer sim ou não. Porém, a resposta mais adequada é "não necessariamente". Porém, o gerente de produtos deve estar sempre "vendendo" seu produto (ou linha de produtos) para os demais membros da organização e do canal de distribuição.

3) Espera-se que o aluno concorde com a afirmativa, uma vez que, para os produtos terem sucesso no mercado, é necessário que estes satisfaçam necessidades e/ou desejos dos clientes.

Capítulo 2

Questões para revisão

1) Padrão de resposta esperado: Para o planejamento de *marketing* é necessário que a análise do mercado inclua o comportamento e o perfil dos clientes, a concorrência e as demais variáveis do ambiente do *marketing*, como: preços praticados, campanhas promocionais, comunicação de *marketing* etc.

2) Padrão de resposta esperado: Os objetivos de mercado para o produto, seu público-alvo, os atributos e benefícios do produto (expressos pelo CVB), as eventuais patentes do produto, seu posicionamento e imagem junto ao mercado, as embalagens oferecidas ao mercado e as parcerias estabelecidas ao longo do canal de distribuição.

3) Padrão de resposta esperado: Existem três possibilidades – fazer o planejamento com foco em vendas (no qual a direção determina as metas de vendas a serem atingidas pelo gerente de produtos), planejamento com foco em custos (quando o gerente se concentra no gerenciamento dos custos para gerar os resultados desejados), ou planejamento com foco em lucros, quando o gerente recebe uma meta em termos de lucratividade a ser atingida por cada produto no mercado.

4) Padrão de resposta esperado: O composto de produtos é o conjunto de decisões estratégicas relacionadas com as linhas de produtos de uma determinada organização.

5) Padrão de resposta esperado: São quatro dimensões: a amplitude de linha, a extensão da linha, sua profundidade e a consistência da linha.

Questões para reflexão

1) Espera-se que o aluno responda que um hábito comportamental pode ser entendido como aqueles comportamentos repetitivos, previsíveis, que as pessoas assumem sempre.

2) Espera-se que o aluno responda que o foco em lucros é o mais adequado, uma vez que o objetivo das empresas deve ser sempre a obtenção de lucros, que possibilitarão sua sobrevivência ao longo do tempo.

3) O aluno deve ser capaz de identificar a amplitude, a extensão, a profundidade e a consistência de um produto típico que consome. Por exemplo: A Coca-Cola apresenta uma amplitude que envolve refrigerantes, sucos, refrescos, energéticos etc. A empresa possui uma extensão diferente para cada linha, como o próprio refrigerante Coca-Cola: Coca-Cola, Coca-Cola Zero e Coca-Cola *light plus*. Apresenta uma profundidade de 24 itens: Retornável de 1 L; garrafa de vidro de 1,25 L; garrafa de vidro de 1,5 L; garrafa plástica de 2 L; garrafa plástica de 200 ml; garrafa de vidro de 250 ml; garrafa de vidro de 290 ml; garrafa de vidro de 350 ml; garrafa de vidro de 500 ml; garrafa de vidro de 600 ml; garrafa de vidro não retornável de 600 ml; PET de 1 L; PET de 1,25 L; PET de 1,5 L; PET de 1,75 L; PET de 2 L; PET de 2,25 L; PET de 2,5 L; PET de 3 L; PET de 237 ml; lata de 350 ml; lata – *Post Mix* – copos de 300 ml/500 ml/700 ml. Além disso, apresenta uma ótima consistência, uma vez que todos os produtos são derivados da coca.

Capítulo 3

Questões para revisão

1) Padrão de resposta esperado: De forma simplificada, podemos dizer que existem oito fases no processo de desenvolvimento de um novo produto. Tais fases podem ser assim relacionadas:

- geração e triagem de novas ideias;
- desenvolvimento e teste do conceito de produto;
- desenvolvimento e teste de protótipo;
- desenvolvimento das estratégias e programas de *marketing*;
- desenvolvimento final do produto;
- teste de mercado;
- lançamento no mercado;
- monitoramento dos resultados.

2) Padrão de resposta esperado: Uma vez que o custo para obter um produto com sucesso real no mercado é muito elevado, as ideias geradas devem ser sempre submetidas a algum tipo de teste (filtro) para serem eliminadas aquelas com baixo potencial de sucesso, permitindo que apenas ideias com alguma chance de sucesso passem para as próximas fases.

3) Padrão de resposta esperado: Deve ser elaborado um plano de negócios do produto (*product business plan*), que é a etapa de desenvolvimento das estratégias e programas de marketing. Essa etapa consiste na recomendação da estratégia de *marketing*, na previsão dos investimentos necessários, no detalhamento da previsão de vendas (previsão de lucros) e dos custos necessários para implantação do planejamento (orçamento de *marketing*), além do cronograma para implantação do planejamento.

4) Padrão de resposta esperado: Nessa fase são definidas as características (atributos) finais do produto, como o seu *design* e a sua embalagem; além disso, também são estabelecidos

nessa etapa os serviços que serão agregados ao produto, como a garantia, a assistência técnica, o atendimento ao cliente etc.

5) Padrão de resposta esperado: O monitoramento permite que a direção da organização possa decidir entre ampliar o volume de produção ou eliminar o produto da linha de produtos da organização. É o monitoramento que possibilita decidir sobre a continuidade ou não de um produto na linha de produção/comercialização.

Questões para reflexão

1) Espera-se que o aluno responda que sim. Pois, convivendo com pessoas diferentes, de diferentes formações profissionais, o gerente de produtos precisará do máximo de colaboração para que seus produtos possam obter sucesso no mercado.

2) Espera-se que responda afirmativamente, uma vez que isso representa inovação de processo. Espera-se que o aluno complemente a resposta afirmando que tal inovação é importante para o gerente de produtos, por representar novas possibilidades de aumento da participação de mercado (*share*) do seu produto.

3) Espera-se que o aluno seja capaz de apresentar, no mínimo, os seguintes itens:

- Característica: Esponja feita de lã de aço de alta qualidade.
- Vantagem: Por possuir uma lã de aço ultrafina não risca os materiais.
- Benefício: Deixa suas panelas brilhando.

Capítulo 4

Questões para revisão

1) Padrão de resposta esperado: Uma linha de produtos é um conjunto de produtos que apresentam características, clientes e usos, canais de distribuição comuns e estratégias promocionais conjuntas.

2) Padrão de resposta esperado: Uma marca é todo e qualquer símbolo que permita identificar algo imediatamente. A marca é aquilo que permite ao cliente/consumidor identificar o produto ou serviço que adquire ou consome. A principal forma de proteger a marca é por meio do registro de propriedade industrial (marca registrada).

3) Padrão de resposta esperado: Os rótulos agregam valor aos clientes à medida que oferecem informações que os auxiliem a selecionar e utilizar o produto.

4) Padrão de resposta esperado: É uma estratégia de investimento em produtos já existentes no mercado de atuação da organização. Os investimentos são efetuados em melhorias do produto, comunicação e distribuição, com o objetivo de aumentar ganhos de participação de mercado e de vendas.

5) Padrão de resposta esperado: Os tipos possíveis são: estratégia de penetração, de desenvolvimento (de mercado e de produto), de diversificação e de diferenciação. Todas estão relacionadas ao ciclo de vida do produto no mercado.

Questões para reflexão

1) Espera-se que o aluno responda que isso se deve ao fato de que os clientes são comuns. Ou seja, como são os mesmos clientes a comprar os produtos, estes devem ser oferecidos nos mesmos locais (pontos de venda).

2) Espera-se que o aluno seja capaz de identificar a possibilidade de produzir alguns outros itens, como: *nécessaires*, carteiras, mochilas etc.

3) Espera-se que o aluno seja capaz de identificar a necessidade de conhecer os clientes desse novo mercado, conhecer os canais de distribuição e, principalmente, providenciar a proteção legal de sua marca.

Sobre o autor

Edelvino Razzolini Filho, paranaense de União da Vitória, é Administrador de empresas, formado pela Universidade Federal do Paraná; especialista em *Marketing* pela Unifae; mestre e doutor em Engenharia de produção pela Universidade Federal de Santa Catarina. Atualmente, é professor no curso de Gestão da informação da Universidade Federal do Paraná, na graduação e, no programa de Mestrado Multidisciplinar em Ciência, Tecnologia e Gestão da Informação, ministra a disciplina informação e comunicação integrada de *marketing*.

Também é professor convidado no Programa de Mestrado e Doutorado da Universidad de La Empresa – UDE, em Montevideo – Uruguay, onde ministra disciplinas de logística e sistemas de informações e gestão do conhecimento.

O professor Edelvino tem uma história de vasta atuação no mercado de trabalho, nas áreas de vendas, produtos, treinamentos e consultorias em *marketing* e logística. Foi empresário e dirigente de várias empresas ao longo de sua vida profissional.

Além disso, é autor de diversos livros publicados pela Editora InterSaberes e outras editoras, além de artigos publicados em revistas e eventos científicos nacionais e internacionais.

Para contato com o autor: razzolini@onda.com.br

Impressão: Reproset
Novembro / 2015